당신의 하나님은 너무 작다

Your God Is Too Small
by J. B. Phillips is copyright ©J. B. Phillips

This translation of *Your God Is Too Small* is published by arrangement with Church House Publishing, the publishing arm of the Archbishop's Proprietor of the Church of England.

This Korean Edition Copyright © 2021 by Abba Book House, Goyang-si, Gyeonggi-do, Republic of Korea.
All rights reserved.

이 책의 저작권은 Church House Publishing과 독점 계약한 아바서원에 있습니다. 신 저작권법에 의해 한국 내에서 보호를 받는 저작물이므로 무단전재와 복제를 금합니다.

YOUR GOD IS TOO SMALL

당신의
하나님은
너무 작다

J. B. **필립스** | 홍병룡 옮김

아바서원

차례

머리말 ········ 6

1부   당신의 하나님은 어떤 모습인가?

    1. 마음속의 경찰 ········ 13
    2. 어린 시절의 아버지 ········ 19
    3. 근엄한 노인 ········ 26
    4. 유순한 존재 ········ 32
    5. 완벽주의자 ········ 39
    6. 편안한 도피처 ········ 44
    7. 상자 속의 하나님 ········ 51
    8. 최고 경영자 ········ 57
    9. 작품 속의 하나님 ········ 63
    10. 끝없는 불평의 대상 ········ 69
    11. 창백한 갈릴리인 ········ 74
    12. 자기를 닮은 신 ········ 80
    13. 그 밖의 다양한 모습 ········ 83

2부로 들어가기 전에 ········ 90

2부 당신의 하나님은 이런 모습인가?

1. 정체가 불분명한 하나님 ········· 95
2. 실재를 가리키는 하나의 실마리 ········· 100
3. 그 밖의 실마리들 ········· 105
4. 정체가 분명한 하나님은 존재하는가? ········· 110
5. 하나님의 정체가 드러난다면 I ········· 116
6. 하나님의 정체가 드러난다면 II ········· 124
7. A라는 인물은 과연 이 땅에 왔는가? ········· 128
8. 인생의 기본 원리 I ········· 137
9. 인생의 기본 원리 II ········· 143
10. 몇 가지 기본 질문 ········· 153
11. 그리스도와 죄의 문제 ········· 162
12. 만족스러운 화해 ········· 169
13. 부활의 증거 ········· 175
14. 죽음의 폐지 ········· 183
15. 이론에서 실천으로 ········· 187
16. 요약 ········· 193

머리말

예나 지금이나 종교적 신앙 없이 이른바 '삶'과 '죽음' 앞에서 자유로울 수 있는 사람은 거의 없을 것이다. 오늘날 많은 사람이 안고 있는 문제는 현대인의 욕구를 채워줄 만큼 큰 하나님을 찾지 못했다는 데 있다. 사람들은 다양한 삶을 경험하고 세계적 사건과 과학의 발달을 겪으면서 엄청나게 넓은 정신세계를 구축했지만 하나님의 개념만큼은 예전과 다름이 없다.

그래서 이미 여러 방면의 인생을 경험한 성인이 주일학교 어린이 수준의 하나님을 예배하는 것은 당연히 불가능하다. 설사 의지를 총동원하여 그렇게 한다 해도, 새로운 진리가 발견되어 자기 신앙이 얼마나 유치한지 드러날까 봐 노심초사할 것이다. 그리고 그런 노력을 기울인다 해도 충성심과 헌신을 끌어내기에는 너무 작은 하나님을 예배하거나 섬기는 수준에 그치고 말 것이다.

바로 이런 모습이 교회 바깥에 있는 사람들에게 비치는 그리스도인들의 태도이다. 세상 사람들에게 크신 하나님을 열심히 변호하지 않으면, 그들은 우리가 성경 속이나 교회 울타리 안에서만 존재하는 '온실 속의 하나님'을 가슴에 품고 있다고 생각한다. 그런 사람들에게 교회 예배에 참석하는 것은 위선적인 조직에 가담하여 진리를 외면하고 안전함을 택하는 모습처럼 보인다. 이런 거래는 우리가 원하는 모습이 아니다.

이런 기독교 비판에 어느 정도 일리가 있음을 부인하지 않겠다. 신앙을 고백하는 그리스도인들 중에는 하나님이 인생의 차디찬 풍랑을 잠시도 견디지 못하신다고 생각하는 자들이 분명히 있다. 그러나 그리스도인들이 항상 멍청하고 순진하거나 미성숙한 것은 결코 아니다. 많은 그리스도인이 하나님을 직접 경험했을 뿐 아니라 현대의 온갖 압력과 어려움을 능히 견뎌낸 신앙을 품고 있다. 그들은 하나님이 우리 선조가 상상했던 것보다 훨씬 크시다는 것을 알고 있다. 현대 과학이 발견한 것들은 인간이 삶의 배후에 있는 지극히 신비로운 존재를 이제야 겨우 이해하기 시작했다는 그들의 믿음을 확증해줄 따름이다.

오늘날 많은 사람은 마음속에 불만을 지닌 채 하나님에 대한 신앙 없이 살아가고 있다. 그들이 특별히 악하거나 이기적이어서, 혹은 하나님이 실제로 안 계시기 때문에 그런 것이 아니다. 인생을 설명해줄 만큼 큰 하나님, 새로운 과학의 시대에 '어울릴' 만큼 큰 하나님, 최고의 동경과 존경을 받을 만큼 거대해서 기꺼이 헌신할 만한 하나님을 발견하지 못했기 때문이다.

이 책에는 두 가지 목적이 있다. 첫째는 많은 사람의 무의식에 자리 잡고 있어서 참 하나님을 포착하지 못하도록 막는 부적절한 하나님 관념을 밝히는 것이다. 둘째는 진정한 하나님을 발견할 수 있는 길을 제시하는 것이다. 만일 삶과 죽음의 신비를 모두 주관하는 누군가가 참으로 존재한다면, 그기 어떤 존재인지, 또 그의 목적이 무엇인지를 알 때까지는 결코 허무함과 욕구불만에서 벗어날 수 없을 것이다.

YOUR GOD IS TOO SMALL

1부

당신의 하나님은 어떤 모습인가?

마음속의 경찰

양심이 하나님을 아는 거의 유일한 방편이라고 생각하는 사람이 많다. 그들은 나쁜 짓을 하기 전이나 하는 동안, 또는 나쁜 짓을 한 뒤에 느껴지는 죄책감과 불쾌함의 세미한 양심의 목소리가 하나님의 음성이라고 여긴다. 양심이 어느 정도 인간의 행동을 통제하는 것은 사실이다. 어떤 사람은 양심 때문에 귀찮은 의무를 떠맡고 어려운 길을 택하기도 한다.

성숙한 사람들에게 어울리는 종교를 옹호하는 사람 중에 양심을 부인하거나 양심이 이 세계 배후에 있는 도덕질서의 암시라고 생각하지 않는 자는 없을 것이다. 그렇지만 양심을 하나님으로 삼는 것은 지극히 위험한 일이다. 잠시 뒤에 살펴보겠지만 양심은 결코 오류가 없는 안내자가 아니다. 우리가 양심에 감동받아서 그 성가신 내면의 목소리를 경배하고 사랑하고 섬길 가능성은 거의 없다. 왜냐하면 양심은 최악의 경우 우리의 즐거움을 망치고, 기껏해야 바람직한 길로 억지로 떠밀기 때문이다.

양심은 예민한 사람에게는 왜곡되거나 병적인 모습으로 나타나고, 둔감한 사람에게는 무시되고 묵살당한다. 따라서 양심은 모든 신이 만족할 만한 신이 될 수 없다. 정상인이면 누구나 옳고 그름을 구별할 수 있는 도덕의식을 갖고 있는 게 사실이지만, 그 의식의 발달이나 왜곡은 대체로 성장배경과 훈련, 선전에 좌우된다.

예를 들어, 굉장히 엄격한 채식주의자 부모의 손에 자란 아이를 보자. 이제 사춘기에 접어든 그 아이는 고기를 먹을 때 지극히 고통스러운 양심의 공격에 시달릴 가능성이 높다. 만일 그 아이가 어떤 정당한 즐거움을 '세상적인' 혐오스러운 것으로 배웠다면, 금지된 오락을 즐기려고 할 때마다 양심의 고통에 시달릴 것이다. 그 목소리는 물론 하나님의 음성처럼 들리겠지만, 어디까지나 그 아이의 도덕의식을 형성한 초기 성장배경의 목소리일 뿐이다.

또 다른 예로는 어릴 때부터 앉아 있는 새를 쏘는 것은 '잘못'이라고 훈련받은 사냥꾼을 생각할 수 있다. 그 사냥꾼은 만일 우발적으로라도 그런 짓을 하게 된다면 수치심과 가책을 느낄 것이다. 반면에 20미터 전방에 날아가는 새를 쏘는 일에는 아무런 죄책감도 느끼지 않을 것이다. 그 사냥꾼의 양심은 인위적으로 훈련을 받은 것이다. 따라서 미개한 종족들은 물론이고 문명화된 종족 사이에도 나름의 '금기'(禁忌)가 존재한다는 것을 알 수 있다.

스포츠와 전문직을 막론하고 어떤 일은 하면 안 된다는 금기의 도덕의식을 심어주는 경우가 수없이 많다. 때문에 금지된 일을 할 때 느끼는 죄책감과 좌절감이 왜곡되거나, 그 도덕적 악행에 비해 지나치게 큰 죄책감과 좌절감을 느끼는 경우도 많다.

세 번째 예로, 공공 선전이 2차 세계대전 중에 민감한 양심을 가진 사람들에게 끼친 영향을 들 수 있다. 당시에는 종이를 태운다거나 기차여행을 하는 것만으로도 심한 죄책감을 느꼈다. 왜냐하면 여기저기서 종이는 재활용해야 하며 여행은 꼭 필요한 경우에만 해야 한다고 선전했기 때문이다.

독일의 나치정부는 도덕의식을 왜곡시키려고 선전술을 무기로 악용했다. 그래서 예컨대 유대인을 미워하는 것은 당연한 의무처럼 여겨졌고 그 결과, 선량한 나치가 멸시받는 유대인 종족에게 친절을 베푸는 일에는 분명 양심의 가책을 느꼈을 것이다.

이런 예들만 봐도 양심을 하나님이라 부르는 것이 얼마나 지혜롭지 못한지 알 수 있다. 우리가 '옳다'는 말의 뜻을 확실히 안다면, 도덕의식을 바르게 훈련할 수 있고 선전의 영향도 유익하게 사용할 수 있다. 그런데 '옳다'라는 단어를 제대로 정의하려면 먼저 하나님을 알아야 한다. 하나님 없이는 자신의 도덕의식 외에 자기의 ('옳음'에 대한) 관념을 뒷받침할 만한 권위를 지닌 사람이 없기 때문이다. '옳고 그름'을 판단할 수 있는 잣대인 하나님이 존재하지 않는다면, 도덕적 판단은 성장배경과 훈련, 선전의 영향을 받은 의견에 불과하다.

영국의 경우, 수많은 세월에 걸친 기독교 전통이 삶에 깊숙이 침투한 나머지, 그들의 도덕의식이 참된 기독교로 형성되었다는 사실을 자주 잊는다. 이를테면, 여성과 어린이, 약자와 무력한 자, 혹은 동물을 대하는 이들의 생각은 '타고난' 것이 아니다. 2차 세계대전 동안 해외에 주둔했던 많은 영국군은 이런 면에서 기독교 전통이 없는 나라의 도덕의식이 얼마나 형편없는지를 보고 충격을 받았다.

그리스도인과 비그리스도인을 막론하고 다수의 도덕주의자들은 최근에 들어서 우리의 도덕의식이 무척 희박해졌다고 지적한다. 그 이유는 기독교적 이상(理想)을 직접 습득할 수 있는 기회가 줄었기 때문이 아닐까? 이제까지 사람의 도덕의식을 훈련하는 면에서 기독교에 필적할 만한 경쟁 상대는 없었다.

그런데도 많은 사람이 병적으로 발달한 양심을 하나님의 목소리로 착각한 나머지 비참한 신세에 빠지고 말았다. 그중에는 신앙을 고백하는 그리스도인들도 포함되어 있다. 다수의 주부들은 완벽함을 요구하는 내면의 목소리를 기쁘게 하려고 자신을 혹사시킨다. 그 목소리는 자신이 만들어 낸 것이거나 어린 시절의 훈련이 낳은 잔재일지도 모른다. 분명 우주의 배후에 있는 권능자의 목소리는 아니다.

다른 한편, 오래 전부터 자기 양심에 순종을 가르쳐온 중

년의 사업가는 자신이 선량한 사람이라고 자부한다. 심지어는 양심에 거리끼는 일은 일체 하지 않겠다고 장담까지 했다. 그러나 그가 양심이라고 부르는 그 가냘픈 음성을 하나님의 목소리로 믿기란 사실상 불가능하다.

지나치게 발달한 양심과 잘못 훈련받은 양심, 빈사 상태의 양심 등은 모두 하나님으로 간주될 수 없고 그분의 일부도 될 수 없다. 그렇게 된다면 양심에 민감한 자에게 하나님은 지나치게 가혹한 폭군으로 비칠 터이고, 양심에 둔감한 자에게 하나님은 인간의 쾌락에 참견하지 않는 편한 '내면의 목소리'로 간주될 것이다.

어린 시절의 아버지

많은 심리학자는 한 사람의 생애가 대체로 어린 시절 부모에 의해 결정된다고 주장한다. 행복한 어린 시절을 보낸 정상인들은 이런 주장을 비웃을지 모르지만, 정신과 의사의 진료실은 어린 시절 부모와의 관계 때문에 내면이 뒤틀린 사람들로 붐빈다.

간혹 정신과에 가리라고는 꿈도 꾸지 않은 많은 사람들이 비정상적으로 권위를 두려워하거나 이성(異性)에 군림하는 성격을 갖고 있는데, 이는 대개 폭군 같은 부모의 영향을 받은 탓이다. 이와 반대로 '신경증 환자'라는 말에 모욕감을 느끼는 사람도 적지 않은데, 이 사람들은 삶에 제대로 적응하지 못하고 그 우월감 때문에 함께 일하거나 살기가 어려운 유형이다. 이 경우에도 그 내력을 추적하면 자기애가 타인에게로까지 확장되지 못한 채 제멋대로 산 어린 시절의 모습을 볼 수 있다. 어린이는 실로 '어른의 아버지'이다.

그런데 이것이 하나님에 대한 잘못된 관념과 무슨 관계가 있을까? 초기 하나님 관념은 거의 변함없이 어린이의 아버지 관념에 기초를 두고 있다. 어린이가 좋은 아버지를 둔 행운아라면 참으로 잘된 일이다. 물론 그의 하나님 관념이 성품과 함께 성장한다면 그렇다는 말이다. 반면에 어린이가 자기 아버지를 무서워한다면(혹은 무서워하기 때문에 죄책감까지 느낀다면), 하늘에 계신 아버지도 그에게 두려운 존재로 비칠 확률이 높다.

하지만 그가 행운아라면 이 관념에서 벗어나서 초기의 '두려운' 관념과 훗날의 성숙한 관념을 구별하게 될 것이다. 그러나 다수는 그 죄책감과 공포심을 벗어나지 못하고, 어른이 되어서도 살아계신 하나님과 아무 관련이 없는 감정에 사로잡혀 있다. 그것은 옛 부모의 잔재에 불과할 뿐이다. 심리학을 어느 정도 아는 많은 사제들과 목사들은 비정상적으로 하나님을 두려워하는 사람을 만난 적이 있을 터이고, 그 두려움이 종교적이기보다는 심리적인 것임을 알아차렸을 것이다. 그리고 그 심리적인 불협화음이 해소되었을 때 종교적 신앙이 꽃을 피워 기쁨과 확신으로 표출되는 모습을 목격했을 것이다.

그런 과정을 묘사하는 일은 이 책의 범위를 벗어나지만, 우리 가운데 하나님을 지나치게 두려워하거나 완강하게 거부하는 사람들에게는 도움이 되는 작업이다. 그들의 문제를 들여다보면 그 뿌리가 특정한 '죄'나 '반항'에 있지 않고 어린 시절 부모에 대해 느꼈던 감정에 있다는 것을 알 수 있다.

그런데 어떤 유형의 기독교는 이런 죄책감에 의존하여 부흥한다는 사실이 흥미롭다. 아니, 서글프다. 조금만 자극하면 쉽게 죄책감을 느끼는 자들만이 그 '복음'을 영접하기 때문이다. 이런 유형의 기독교 전도자들은 (어쩌다가 그리스도의 본보기와는 정반대로) 밖으로 나가서 청중이 '죄를 자각하도록' 유도할 것이다.

이런 노력은 보통 작은 열매밖에 맺지 못하는데, 이것을 전도자들은 청중의 완악함 탓으로 돌린다. 그러나 실은 그런 인위적인 죄책감 유발에 사람들이 제대로 된 반응을 보인 것 뿐이다. 그런 책동에 잘 넘어가는 경우는 어린 시절을 불행하게 보낸 소수의 사람들뿐이다.

그렇다고 해서 인간의 죄를 부인하거나 하나님의 용서의 필요성을 부정하는 것은 아니다. 고압적인 복음전도가 낳는 것과는 질적으로 다른 진정한 '죄의 자각'이 있다. 이런 문제들은 나중에 더 자세히 다룰 필요가 있겠다.

여기서 우리의 관심사는 어린 시절 두려워하는 대상에 기초를 둔 하나님 관념은 성숙한 기독교의 토대가 아니라는 점이다. 앞 세대를 특징지었던 하나님에 대한 두려움은 상당 부분 부모에 대한 두려움이 낳은 것이었다. 따라서 어린 시절이 죄책감과 수치심과 처벌에 대한 두려움으로 얼룩져 있는 사람들에게 죄의식이나 지옥에 대한 공포를 유발하는 것은 어려운 일이 아니었다.

그리스도인이 아닌 일부 심리학자는 어린 시절의 아버지 상(像)과 훗날의 하나님 관념 간의 연계성을 깊이 확신했다. 그래서 모든 종교는 퇴보적이라고, 즉 부모의 관념에 매달림으로써 어린 시절의 의존관계로 되돌아가려는 시도라고 주장한다. 이것이 어떤 경우에는 맞지만, 역사상 인격적인 하나님에 대한 확고한 믿음을 가졌던 위대하고 성숙한 인물들의 경우에는 난센스에 불과하다. 게다가 '정신분석' 과정을 거친 그리스도인들을 보면, 그 과정에서 그들의 신앙에 남아있는 유치하고 감상적인 요소를 제거한 뒤에도 성숙한 신앙의 핵심은 여전히 남아있다고 한다.

혹자는 "그리스도께서 우리에게 하나님을 아버지로 여기도록 가르치지 않았는가?" 하고 반론을 제기할 수도 있다. 우리가 예수님의 유추를 배척해도 무방한가? 물론 그렇지 않다. 단, 그것은 어디까지나 하나의 유추라는 점을 기억해야 한다.

예수님이 제자들에게 하나님을 하늘에 계신 아버지로 간주하도록 가르치신 것은 제자들의 하나님 관념이 반드시 그들 아버지상에 기초해야 한다는 뜻으로 말씀하신 것이 아니다. 우리가 아는 바와 같이 그 청중의 아버지들 중에는 부당하고 폭력적이고 멍청하고 거짓되고 무책임하거나 방탕한 사람들이 적지 않았을 것이다.

여기서 그리스도가 강조하는 것은 바로 관계이다. 이 땅의 선량한 아버지가 자기 아들에게 보이는 친밀한 사랑과 관심을 보면 누구나 제대로 된 부자관계를 이해할 수 있다.

심지어 아버지 없이 자란 사람도 그 관계를 얼마든지 이해할 수 있다. 예수님은 하나님과 우리의 관계에서도 이런 관계를 기대해도 좋다는 뜻으로 말씀하신 것이다.

하지만 이 점을 제대로 이해하지 못하는 그리스도인들이 있다. 예수님이 우리에게 "어린 아이와 같이" 되지 않으면 (즉, 어른의 위선과 타협과 냉소를 버리지 않으면) 소박하고 성실하게 하나님의 나라에 참여할 수 없다고 말한 것을 두고, 그분이 인간의 미성숙함을 장려했다고 생각하는 것이다. 과연 지혜로우신 하나님이 감상적인 부자(父子) 관계를 유지하기 위해 어른에게 영적 아동복을 입고 기어 다니길 바라실까? 이는 참으로 우스운 생각이다.

우리의 경험으로 볼 때 하늘의 아버지가 얼마나 '크신' 분인지를 조금이라도 아는 사람은 성숙한 그리스도인밖에 없다. 이전에는 어린이와 아빠의 관계를 그 자신과 하나님의 관계에 비유하는 것은 적어도 지적인 면에서 하나의 과장이라고 생각했을 것이다. 그러나 그들이 성숙해진 뒤에는 그것이 결코 사람과 하나님의 크나큰 간격을 과장한 것이 아니라는 점을 알게 되었을 것이다.

그렇다면 우리가 기어 다니는 어린이보다 우월한 것은

사실이지만 하나님이 우리보다 훨씬 더 우월하신 분이라는 것도 알게 될 것이다. 하나님의 크심을 깨닫는 것은 유치한 관념에 빠지는 것이 아니라 오히려 그 정반대이다. 우리가 영적 욕구불만에 빠져서 왜 예배와 사랑의 심령이 흘러나오지 않는지 의아해하는 데는 그만한 이유가 있다. 창조주 하나님의 이미지에 반쯤 잊어버린 어린 시절 아버지의 모습을 투영하기 때문이다. '충분히 크신' 하나님을 발견하려면 그런 '아버지상'을 벗겨버려야 한다.

근엄한 노인

어느 주일학교 어린이들에게 하나님의 모습을 적어보라고 했더니, 몇몇 아이들을 제외한 대부분이 "하나님은 하늘에 사시는 아주 늙은 신사이다"라고 적었다고 한다. 이 이야기가 사실인지 아닌지는 모르겠지만 많은 어린이의 머릿속에 하나님이 '늙은' 존재로 그려져 있는 것은 확실하다.

어린이의 선배들은 늘 자기보다 '나이가 많고' 따라서 하나님은 그 누구보다 더 '늙은' 존재임이 틀림없기 때문이다. 게다가 어린이는 '자기가 더 나이 들면' 이런저런 일을 하고 더 많은 것을 이해할 수 있을 것이라는 이야기를 자주 들어왔기 때문에 모든 힘과 지혜의 궁극적 원천이 아주 늙은 존재로 보일 것이다. 뿐만 아니라 어린이는 자라면서 '옛날 옛적에' 일어났던, 하나님 이야기를 많이 들었을 것이다. 따라서 하나님을 아주 늙은 존재로 느끼고 그리는 게 당연하다.

혹자는 그렇게 생각하는 게 무슨 문제냐고 논박할지도 모르겠다. 어린이는 자기 힘으로 어른의 세계에 적응해야 하는 만큼 '늙은' 하나님의 관념을 품어도 문제가 없다는 것이다. 그렇지만 어린이가 그 하나님을 단지 '늙은' 존재로 여기는 데서 머물지 않고 '구식'(舊式)으로 상상한다면, 그것은 아주 위험한 생각이다.

그럴 경우에는 '옛적에' 행하신 하나님의 모습에만 큰 감명을 받은 나머지 그 하나님이 변함없는 에너지로 현재에도 활동하시고 밝은 장래로 인도하신다는 생각을 품을 수 없기 때문이다.

설사 하나님을 '노인'으로 그리는 것에 별 문제가 없다 해도, 그런 관념이 어린이의 머리 한구석에 끈질기게 자리 잡고 있으면 훗날 올바른 하나님 관념을 개발하고 세우기가 무척 어려워질 것이다.

이런 '구식' 관념이 오늘날의 젊은이들에게 남아있는지를 확인하려고 최근에 간단한 심리 테스트를 실시한 적이 있다. 그들에게 "하나님이 레이더(전파탐지기)를 알고 계시다고 생각하는가?"라는 질문에 즉시 대답하라고 했더니 거의 대다수가 "아니요"라고 응답했다. 물론 그 젊은이들은 아니라고 대답한 직후에 그 대답이 얼마나 터무니없는지를 깨닫고 웃고 말았다. 비록 간단한 시험이긴 하지만 젊은이들의 머리 한구석에는 오늘날에 어울리지 않는 하나님 관념이 있다는 사실을 잘 보여준다.

이후에 나눈 토론에서 그 젊은이들은 그 주제를 많이 생각해보진 않았지만 오래 전에 도입한 하나님 관념이 그들의 현대적 경험과 지식, 관점과는 다른 별도의 방에 존재하고 있었다는 사실을 시인할 수밖에 없었다고 한다. 그 젊은이들은 옛날에는 위대한 능력을 가졌으나 오늘날의 찬란한 진보에는 보조를 맞출 수 없는 근엄한 노인을 하나님이라 생각하고 있었던 셈이다!

지금도 그와 비슷한 '분열된' 관념을 품고 있는 사람이 많을 것이다. 즉, '근엄한 노인'에게 경외심과 존경을 품으면서도(그분이 우리 조상에게 얼마나 큰 도움을 주었던가!) 그분은 현대의 복잡한 삶과 문제를 대처하기엔 역부족이라고 느끼는 것이다. 이런 터무니없는 소리를 듣고 웃어넘길 수만 있다면 그나마 다행이리라.

우리가 속한 교회와 종교적 가르침을 보면 '구식' 하나님 관념을 부추기는 경향이 적지 않다. 성경은 대체로 구식의 언어로 읽힌다. 예배 역시 오늘날 아무도 사용하지 않는 언어로 진행될 때가 많다. 기도에서 하나님을 부를 때에도 흔히 고어체를 사용하고, 이런 기도는 마치 근엄한 노인이 이해하고 승인하는 것 같은 인상을 준다.

몇 가지 예외를 제외하면 찬송가들도 19세기의 관념을 표현할 뿐 '충분히 크신' 하나님을 찬송하는 경우는 드문 편이다. 가사의 진정한 가치를 감상하려면 우리에게 익숙한 곡조를 버리고 냉정하게 큰 소리로 읽어야 한다. 세례와 결혼, 장례와 같은 예식에서도 일반인이 이해할 수 없고 현실과는 동떨어진 구식 언어를 계속 사용한다. 그들은 그 근엄한 노인과 그분의 특이한 점은 존경하지만 그분을 살아 계신 하나님으로 예배하고픈 마음은 생기지 않는다.

설교와 강연에도 현대인의 마음에 반향을 일으키지 못하는 종교 용어와 전문적인 말이 가득 차 있다. 물론 설교자로서는 자기가 그 옛날 성도들이 섬겼던 바로 그 하나님을 섬길 뿐 아니라, 당시 큰 의미가 있었던 어구들을 지금도 사용하는 것이 기쁘기 그지없을 것이다. 그러나 현대의 청중에게는 그 설교가가 과거와의 사랑에 빠진 것처럼 보일 뿐이다. 그 설교자의 말에 아름다움과 품위가 있을지는 몰라도 그것은 어디까지나 과거의 아름다움과 품위일 뿐이다. 그리고 그 설교자의 메시지는 오늘날의 이슈들과 전혀 상관없는 것처럼 보일 것이다.

교인들이 기독교 가정에서 자란 경우에는 일반적인 교회 예배에 어느 정도 만족할 수 있다. 아마 오랜 경험을 통해 그런 메시지를 나름대로 '새겨서' 들을 것이다. 그러나 그런 배경이 거의 없는 오늘날의 젊은이는 전통 예배를 구식으로 여기고 하나님을 근엄한 노인 정도로 여길 가능성이 많다.

그 젊은이들에게 절실히 필요한 존재는 고대 히브리인의 하나님이나 초대 교회의 하나님, 19세기의 하나님이 아니라 원자력 시대의 하나님, 즉 오늘날 살아계신 에너지와 지혜, 사랑의 하나님이다.

유식한 사람들은 종종 요즘 젊은 사람들은 '역사의식'이 없다고 비판한다. 그것은 지극히 당연한 현상이다. 현대인은 너무나 크고 폭넓은 변화를 경험하고 있어서 젊은이의 눈에는 이전 세대의 느리고 단순하고 안정된 삶과 오늘날의 빠르고 복잡한 삶 사이에 아무런 관계가 없는 것처럼 보일 뿐이다.

역사의식은 흔히 성숙함이 낳는 열매이다. 경험이 많은 그리스도인은 자기가 아브라함과 모세, 다윗, 교회의 성도들이 예배했던 그 하나님을 예배하고 있다고 생각하며 기쁨을 느낄지 모르지만, 오늘날의 젊은이는 그런 인물들을 알고 있더라도 그 역사적 연계성 때문에 감동을 느끼지는 못할 것이다. 그들에게 시급한 것은 오늘날의 하나님이고, 역사의식은 그 다음이다.

나중에 살펴보겠지만, 장차 인류 역사를 되돌아보며 기독교에서 하나님 사상의 토대를 이루는 사건들을 고찰해야 할 것이다. 하지만 꼭 필요한 역사적 사실들로 무장한 채 현실세계로 되돌아오는 일 역시 그만큼 중요하다. 역사상 아무리 훌륭하고 위대한 인물이라도 오늘날의 살아계신 하나님을 찾는 마음을 만족시킬 수는 없기 때문이다.

유순한 존재

'어린이'(child)라는 단어와 운율이 맞아서 찬송가에 포함될 만한 (영어) 단어가 무척 드문 것은 몹시 애석한 일이다. 그래도 어린 시절에 다음의 대구를 배운 사람이 많이 있을 것이다.

> Gentle Jesus, meek and mild,
> Look upon a little child.
> 온유한 예수님, 유순한 분이
> 어린 아이를 굽어 살피네.

저자가 '온순한'(mild)이라는 단어를 예수 그리스도에게 적용한 것은 운율 때문만은 아니었을 것이다. 또 다른 어린이 찬송에는 그 단어가 맨 처음에 등장하기 때문이다.

Christian children all must be
Mild, obedient, good as He.
믿는 아이들은 모두 그분처럼
온순하고 순종하고 선해야 하리.

어째서 '온순하다'는 말인가? 예수님에게 적용할 수 있는 모든 형용사 가운데 이 단어가 가장 부적절한 듯하다. '온순하다'는 단어가 사람에게 적용되면 머릿속에 어떤 모습이 떠오르는가? 몹시 겁이 많아서 할말도 못하는 사람, 잠자는 개는 건드리지도 못하고 가능하면 문제를 피하는 사람, 뜨거운 열정과는 거리가 먼 조용한 성격의 사람, 감동을 주지도 받지도 않는, 있는 듯 없는 듯한 사람의 모습이다.

'온순한'이란 단어는 당시 종교인들의 위선에 도전하고 폭로하기를 주저하지 않았던 예수님을 묘사하려고 일부러 사용된 것이 분명하다. 예수님은 살기등등한 군중 사이에서 유유히 빠져나오는 '성격'을 지니셨으며, 없는 듯한 인물이기는커녕 당국이 공개적으로 위험인물로 지목한 분이었다. 게다가 파렴치한 착취나 거드름 피우는 정통파를 보고 강렬한 분노를 느끼셨으며 친구들의 간곡한 만류에도 불구하고 죽음을 향해 용감하게 걸어가셨다.

그런 분에게 온순하다는 표현을 쓰다니! 2000년이 흐른 지금도 우리에게 도전과 낯선 매력을 주는 그분에게 이 단어가 어울리는가? 예수 그리스도가 이타적이고 겸손하고 무슨 대가를 치르더라도 옳은 일에 헌신했다는 의미에서는 '온유하다'는 표현을 해도 무방할 것이다. 그러나 '온순하다'는 것은 어불성설이다!

그런데도 과거에도 그랬고 지금도 그분에게 자주 적용되는 단어는 바로 이 '온유하고 온순하다'는 표현이다. 그러니 아이들이 자라서 조만간에 '부드러운 목자'에 만족하지 못하고 다른 곳에서 그들의 영웅을 찾는다 해도 결코 놀랄 일이 아니다.

이처럼 부드럽고 감상적인 예수님의 인상이 뇌리에 박혀 있다면(달콤한 찬송가와 예쁜 그림들이 자주 그런 역할을 한다), 그 피해는 사춘기 남녀가 그런 유치한 관념을 거부하는 데 그치지 않는다. 그들의 머리 한구석에는 그리스도와 기독교가 일상세계와는 무관한 부드럽고 감상적인 것이란 생각이 남아있게 된다.

이처럼 온순하고 부드럽고 감상적인, '부적절한 신'이 아직도 많은 어른의 머릿속에 남아있다. 사실 '예수'라는 단어는 많은 사람에게 달콤하고 부드러운 그 무엇을 상기시킨다(하지만 현명한 사람이 복음서들을 읽으면 그런 이미지가 쉽게 무너진다).

정상적인 사람들은 이런 달콤한 인물의 이미지를 배격하고, 이 이미지를 이용하는 방법을 당연히 '부당한' 것으로 간주한다. 그런데 사실은 이런 유순한 이미지의 예수님을 강조하는 '위선적인' 방법과 진짜 그리스도의 삶과 성품 사이에는 아무런 연관성이 없다. 그렇다고 해서 그리스도의 성품이 지닌 아름다움과 사랑과 온유함을 부인하거나 최소화해서는 안 된다.

그리스도의 다른 모든 특징을 희생시킨 채 어느 한 특징만 부각시킬 경우에는 병적으로 감상적인 사람에게만 매력을 풍기는 괴상한 모습만 남게 될 것이다.

'유순하다'는 개념은 두 가지 위험을 안고 있다. 첫째, 그리스도인들은 예수 그리스도의 성품이 시공간 안에서 영원한 하나님의 성품을 정확히 묘사하고 있다고 믿는다. 따라서 그 개념은 하나님을 양털처럼 보드랍고 감상적인 분으로 생각하게 만든다. 이에 관해서는 나중에 더 다룰 예정이다. 여기서는 성숙한 어른에게 자기보다 정서적으로 덜 발달한 신을 예배하라고 요구할 수는 없다는 점만 지적하고 싶다. 두 번째 위험은, 그리스도인은 '하나님은 사랑'이라고 믿기 때문에 모든 덕목 중에 가장 훌륭한 이 미덕이 싸구려로 전락한다는 점이다.

'유순한' 하나님 개념은 쉽게 가려낼 수 있는 것처럼 보이지만, 많은 그리스도인의 의식 저변에 깔려있는 것이 사실이며, 특히 어린 시절에 '주 예수님'에 대한 감상적 태도를 품었던 이들이 그러하다. 이런 사람들의 행동과 생각은 그릇된 '사랑'의 개념으로 물들어 있다. 그래서 그들은 비판 능력을 발휘하지 못하고, 명백한 진실을 말하지도 못하고, 동료들을 '자연스럽게' 만나지도 못한다. 이는 혹시나 유순한 신에게 죄를 범할까 우려하기 때문이다.

그리하여 그들은 비그리스도인에게 솔직하지 않은 위선자로 비칠 수 있고, 그들이 보여주려고 하는 '사랑'이 어설

픈 모조품에 불과할 때가 너무나 많다. 다른 감상주의자들처럼 유순한 신은 사실상 잔인하기 때문이다. 어린 시절부터 이런 신의 지배를 받아온 사람들은 진정한 자아를 개발할 여지가 없었다. '사랑해야' 한다는 강박감 때문에 자유롭게 사랑할 수 없었던 것이다.

이 거짓 신의 숭배가 낳는 또 다른 열매가 있다. 그것은 감상적인 그리스도인이 품은 '성인(聖人)다움'의 이상이다. 우리가 말이나 글로 듣고 읽는 '진정한 성인'의 모습은 평생토록 아무에게도 피해를 주지 않고 아무도 비난한 적이 없는 사람이다.

이것이 정말로 성인다운 면모라면 예수 그리스도는 결코 성인이 아니다. 그분이 서로를 판단하는 자리에 앉지 말라고 가르친 것은 사실이나, 악에 대해 눈을 감으라든가 다른 사람에게 흠이 없는 것처럼 생각하라고 말한 적은 한번도 없다. 그분은 인간 본성에 낙관적인 생각을 품지 않으셨다. 그래서 사도 요한은 예수님이 "사람의 속에 있는 것을 아셨음이니라(요 2:25)"고 말했던 것이다. 아울러 그분이 언제나 '사랑스러운' 말을 하거나 옹호하시는 모습도 상상할 수 없다. 그분에게는 청중을 편하게 해주는 것보다 진실을 말하는 것이 더 중요했다. 물론 그분은 사람들을 사랑하셨기 때문에 재치와 지혜와 연민을 발휘하신 것은 사실이다. 예수님은 행동하는 사랑 그 자체셨지만 결코 유순한 분은 아니었다.

완벽주의자

거짓 신들을 통틀어 영적 세계에서 가장 큰 골칫거리는 '100퍼센트의 신'일 것이다. 이런 신은 참으로 그럴 듯하다. 100퍼센트의 신을 믿는 사람들은, 하나님이 완벽 그 자체이고 피조물에게 완전한 충성을 요구하시기 때문에, 그분을 섬기고 기쁘게 하고 예배하는 최선의 길은 완벽한 기준을 세워 지키는 것이라고 주장한다. 어쨌든 그리스도께서도 "아버지의 온전하심과 같이 너희도 온전하라"(마 5:48)고 말씀하시지 않았던가.

이 완벽한 기준은 다양한 학파의 그리스도인들에게 위협

거리가 되고, 실제로 다수의 예민한 양심적인 사람들에게 이른바 '신경쇠약'을 안겨 주었다. 그리고 그보다 더 많은 그리스도인들은 '완전한 자유'의 삶에서 불안한 노예상태로 전락해 기쁨과 자발성을 잃어버리고 말았다.

아마도 '100퍼센트의 신'을 끔찍한 폭군으로 생각하는 사람들은 특정한 배경과 기질을 가진 이들에게만 국한될 것이다. 외향적인 젊은 운동선수는 스스로 "100퍼센트 순수하고 정직하고 충실하고 이타적"이라는 식으로 그럴싸하게 자기 자신을 포장할지 모른다. 그러나 그의 상태를 보면 '100퍼센트'가 무슨 뜻인지 전혀 모르고 있음을 알 수 있다. 그에게는 완벽함이 무엇인지 파악할 수 있는 정신적 역량도, 상상력도 없다.

이런 사람은 자신의 동기를 분석하거나 자기 행동을 감시할 만한 양심을 발달시키는 유형이 아니다. 자신의 삶과 행위와 관련하여 '100퍼센트 완벽함'이 문자 그대로 무엇을 뜻하는지를 생각하고 두려워하는 유형도 아니다. 그가 사용하는 "100퍼센트 순수하고 정직하고…"라는 말은 자기 나름대로 최선을 다한다는 뜻일 뿐이다. 그리고 이것은 전혀 다른 문제이다.

반면에 자신감이 조금 부족하고 자기 분석을 좋아하는, 양심적이고 예민하고 상상력이 풍부한 사람은 '100퍼센트 완벽함'이라는 말의 뜻을 굉장히 두려워한다. 이런 완벽성을 하나님이 요구하신다고 생각하면 할수록 더 많은 죄책감과 비참함을 느낄 것이고, 곤경에서 벗어날 길을 찾을 수 없을 것이다.

100퍼센트에 조금이라도 못 미치는 것은 자신의 영적 비전을 저버리는 것이고, 그동안 자기를 도왔던 그 하나님은 바로 그 끔찍한 요구를 하는 존재인 셈이다(이렇게 상상한다는 말이다)! 그러니 자주 '무너지는' 것도 당연하다. 문제는, 예민한 사람에게 '100퍼센트의 신'을 소개하는 사람은 자기가 해를 끼치고 있다는 것도 모르는 둔감한 자라는 사실이다.

탈출구는 어디에 있는가? "나에게 배우라"는 예수님의 말씀이 최상의 실마리를 제공한다. 오늘날 열성적인 그리스도인 중에는 기독교를 행위의 종교로 간주하는 이들이 있다. 그러나 기독교는 예나 지금이나 하나의 생활방식이지 주변 세상의 유익을 위해 벌이는 공연이 아니다. '배운다'는 것은 성장을 암시한다. 그것은 시행착오를 포함하고,

어떤 이상(理想)을 향한 꾸준한 진보를 의미한다. 그리스도께서 사람들에게 도달하라고 명하는 '완전함'은 바로 이 이상을 말한다.

그런데 일부 교파의 고압적인 그리스도인은 100퍼센트 완벽성을 신실하게 추구할 찬란한 이상으로 보지 않고 당장 실행해야 할 일련의 규율로 강요한다. 그리하여 상상력이 부족한 사람에게 설익은 만족감을 주고, 상상력이 풍부한 사람을 절망에 빠뜨린다.

이처럼 왜곡된 기독교 진리는 "내 멍에는 쉽고 내 짐은 가벼움이라"(마 11:30)고 말씀한 분에게서 나왔을 리가 없다. 또 그분의 추종자였던 인물, 곧 오랜 경험 뒤에 자기는 "이미 얻었다 함도 아니요 온전히 이루었다 함도 아니라 오직 내가 그리스도 예수께 잡힌 바 된 그것을 잡으려고 달려가노라"(빌 3:12)고 선언한 바울에게서 유래했을 리도 없다.

하지만 '100퍼센트' 기독교에 현혹되지 않은 사람이라도 하나님을 완벽함의 환상으로 여길 수 있다. 그것은 마비상태와 욕구불만을 낳는 환상에 불과하다. 나중에 살펴보겠지만, 참된 이상이야말로 그것을 닮은 모습을 지니도록 자극하고 격려하고 닮은꼴을 만들어낸다.

우리가 하나님을 믿는다면 그분을 완벽한 존재로 믿어야 한다. 그렇지만 그분이 그분의 완벽하심 때문에 완벽에 못 미치는 것에 관심이 없으시다고 생각해서는 안 된다. 만일 그렇다면 인류는 가련한 신세에 빠질 것이다!

어떤 그리스도인들은 하나님이 그분의 자녀들에게서 전적인 사랑과 충성을 받고픈 '야망'을 품고 계시다고 말한다. 그렇다고 해서 하나님이 완전한 헌신을 받을 때까지는 우리를 상대하시지 않는다고 상상한다면, 그것은 또 다른 '100퍼센트의 신'을 상상한 것에 지나지 않는다.

가식적인 사람이 아니고서야 누가 감히 하나님의 사랑에 완전히 굴복하고 동화되었다고 주장할 수 있겠는가. 탕자의 영적 상태가 바닥을 치고 있을 때 하나님이 어떻게 하셨는지 보라. 그런 아들에게 관심을 놓지 않으시는 아버지를 어느 누가 부인하겠는가.

하나님은 진정 완벽한 분이지만 완벽주의자도, '100퍼센트의 신'도 아니시다.

편안한 도피처

기독교를 비판하는 자들은 종종 종교적 신앙이 일종의 심리적 '도피주의'라고 주장한다. 어른이 감당해야 할 당면문제와 요구사항이 너무 버겁다고 생각하는 사람이 하나님을 사랑하는 부모로 상상하여 편하고 의존적이던 어린 시절로 되돌아가려 한다는 것이다.

기독교에 이런 사람들에게 공격의 빌미를 줄 만한 것이 상당히 많은 것은 사실이다. 이를테면, 잘 알려진 찬송가 388장의 1절 가사가 좋은 예이다.

비바람이 칠 때와 물결 높이 일 때에
사랑 많은 우리 주 나를 품어주소서
풍파 지나가도록 나를 숨겨주시고
안식 얻는 곳으로 주여 인도하소서.

이 가사를 문자 그대로 받아들인다면 도피주의라는 비난을 피할 수 없다. 인생의 폭풍우와 중압감이 끝날 때까지 안전한 곳에 숨어있기를 갈망하는 가사는, 이 찬송가를 사랑하는 사람이라도 그런 내용을 부인할 수 없게 만든다. 만일 이것이 진정한 기독교라면, 기독교 신앙을 정서적 미성숙과 유치한 퇴보의 도피주의로 보는 비판을 수긍하지 않을 수 없을 것이다.

이런 '도피의 하나님'이 만연한 것은 사실이지만 진정한 그리스도인의 삶은 전혀 다른 방향으로 나가게끔 되어 있다. 아무도 기독교 창시자를 통찰력과 사상, 가르침이나 행실 면에서 미성숙하다고 비판하지 못할 것이다. 기독교 역사를 보면 미숙한 겁쟁이들이 신앙을 통해 온전한 인격체로 변모하고, '도피주의'라는 말이 무색할 정도로 어려움과 위험을 극복한 실례가 수없이 많다.

그런데도 기독교 내에는 정당한 도피주의 요소가 있는 것일까?

진정한 기독교 전통과 최고 경지에 이른 '성인들'의 전기에 따르면, 모든 시대를 통틀어서 영웅적인 사람들은 하나님 안에서 '힘'뿐만 아니라 '피난처'도 찾았음을 알 수 있다. 그런 영적 거인들이 모두 유치한 퇴보의 영향을 받았다고 생각하는 것은 실로 터무니없는 발상이다. 이에 대해 좀 더 설명해야겠다.

현대의 여러 심리학자들은 인격을 파괴하는 것은 외적 풍파와 스트레스가 아니라 내적 갈등과 고뇌라고 말했다. 이는 맞는 말이다. 한 사람이 행복하고 안정된 마음을 품고 있으면 외부에서 닥치는 난관을 잘 대처할 수 있다. 예를 들면, 행복한 결혼생활을 하고 날마다 따스한 가정으로 돌아올 수 있는 남자는 외적 시련과 압력에 무너질 가능성이 별로 없다. 반면, 그 남자의 결혼생활이 깨지고 삶의 중심이 무너진다면 순식간에 삶은 엉망진창이 되고 인생이 너무나 버겁게 느껴질 것이다.

하나님을 믿는 신앙은 그리스도인의 삶의 중심을 탄탄하게 세워준다. 참된 그리스도인은 온갖 힘겹고 위험한 일들을 감행할 수 있고 또 실제로 감행한다. 언제나 힘을 얻기 위해 돌아갈 수 있는 든든하고 변함없는 삶의 중심이 있다는 것을 잘 알기 때문이다. 이런 의미에서 그는 하나님께 "도피한다"고 말할 수 있다. 그렇다고 해서 인생의 의무나 짐을 회피하는 것은 아니다. 오히려 하나님에게 도피함으로써 날마다 삶의 긴장과 어려움에 대처할 힘을 얻는 것이다.

지금까지 그리스도인은 이따금 하나님과 교제하기 위해 뒤로 물러가서 조용한 시간을 가져야 한다고 말했으니, 이제는 특정한 사람들에게서 볼 수 있는 부적절한 하나님 개념으로 되돌아가자. 이것은 "인생의 폭풍이 지나갈 때까지" 우리가 그 품에 숨을 수 있는 신을 말한다.

무의식적으로나마 부모의 대리자를 찾는 사람들은 얼마든지 그와 같은 편리하고 편안한 신을 상상해낼 수 있다. 그 대리자를 "예수"라고 부르고 심지어는 그분에 관한 괜찮은 찬송가를 지을 수도 있지만, 그분은 결코 사복음서의 예수님이 아니다. 왜냐하면 진짜 예수님은 그처럼 감상적으로 그분의 품에 안기는 것을 말렸을 터이고, 종종 사람들에게 밖으로 나가서 아주 힘든 일을 하라고 말씀하셨기 때문이다.

예수님은 언제나 자기를 필요로 하는 사람들에게 동정을 베푸셨지만, 사복음서에 나오는 그분의 인상은 사람들을 더 온전한 지식과 성숙으로 이끄셨다. 따라서 그분은 삶을 도피하도록 부추기기는커녕 그분의 말씀처럼 '더 풍성한 생명'을 주기 위해 오신 분이고(요 10:10), 결국에는 제자들에게 굉장히 어렵고 힘겨운 과업을 남겨주셨다. 원초적인 기독교에는 도피주의의 기색이 전혀 없었다.

그러나 어린 시절의 보호 장치를 계속 되살리려고 이런 부적절한 신을 모시려고 애쓰는 사람들은 자기도 모르는 사이에 상당한 해를 입게 될 것이다.

몇 가지 예를 들어보자.

1. 그런 사람들은 영적으로 성장하지 못한다. 하나님이 실제로는 "내 이름으로 나가라"고 하신 말씀을 "나에게 오라"는 말씀으로 듣는 한, 그들은 영적 근육을 키우지 못하게 되거나 올바른 독립성을 개발하지 못하게 된다. 뿐만 아니라 자기네가 헌신했다고 믿는 그 대의를 위해 아무것도 성취하지 못한다.

2. '그대의 품으로' 유형의 신앙을 다른 이들에게 전염시켜서 그들 역시 영적 유아기 상태에 머물고 책임을 회피하도록 부추기게 된다.

3. 비판가들에게 '도피주의'의 살아있는 실례를 제공하여 진정한 신앙을 잘못 표명하는 데 책임이 있다. 그 결과로 감상적인 예수를 영접하기 원치 않는, 심리적으로 성숙한 자들을 쫓아버리게 된다.

4. 영적 싸움에서 '부상만 입고' 물러나서 기독교 메시지가 절실히 필요한 삶의 모든 영역에 영향을 주지 못하게 한다. 오스왈드 챔버스는 언젠가 "어떤 그리스도인은 예수님의 품속에 숨을 권리가 없다. 그의 사고방식이 예수님께는 골칫거리이기 때문이다"라고 말한 적이 있다. 아주 지당한 말이다.

초대 교회는 그리스도인들이 대부분 범죄자나 노예 계급 출신이라는 사실 때문에 비웃음을 받았다. 그런 공격에 대해선 이렇게 답변할 수 있다. 자기 자신이 '선하다'고 생각하고 인생의 우여곡절에서 안전했던 사람들보다 자기가 죄인임을 알았던 사람들, 인생이 얼마나 힘겨운지를 알았던 사람들이 죄인과 억압받는 자들을 위한 복음에 더 마음 문을 열 수 있었던 것은 당연한 일이다. 그러나 그들은 회심 이후에 범죄자의 옷을 벗어버렸고, 연약한 노예들은 유능하고 책임 있는 종들로 변했다.

오늘날에는 기독교의 메시지가 심리적으로 미성숙한 자들에게만 인기 있다는 지적을 받는다. 그게 사실일지도 모른다. 자기가 혼란한 상태에 있다고 생각하는 사람들이 자신감 넘치고 적응력이 뛰어난 사람들보다 심리적 안정을 제공하는 복음에 더 잘 반응하기 때문일 것이다.

그러나 진정한 그리스도인은 미성숙한 상태나 내면의 갈등 속에 오래 머물지 않는다. 상습적으로 편안한 품만 찾는 애처로운 자는 '현실 도피의 하나님'에게 시선을 고정하는 사람들로 국한된다.

상자 속의
하나님

기독교 제도 밖에 있는 사람이라도 하나님과 예수님에 대한 경외심을 품을 수 있고, 또 실제로 그런 경우도 있다. 비록 성숙한 관점으로 그분과 그분의 주장을 심사숙고하는 일은 드물겠지만 말이다. 그러나 그런 사람들의 목에는 가시처럼 걸리는 것이 있다. 바로 교단 간의 차이점과 일종의 '국교주의' 같은 것이다. 그런 사람들의 눈에는 교회가 거대한 무언가를 길들이고 훈련해서 작은 상자에 끼워 넣은 후 이름표를 붙인 것처럼 보인다. 그들은 이런 점을 굳이 말로 표현하지는 않아도 그렇다고 생각하고 느낀다.

그들은 교회가 이렇게 말한다고 느낀다. "우리가 만든 문으로 들어오거나 서명란에 사인을 하면 하나님을 소개해주겠소. 그렇게 하지 않으면 당신은 하나님을 만날 수 없습니다." 이런 조치는 그들에게 역겨운 난센스로 보인다. 그래서 화가 난 그들은 이런 식으로 생각한다. '만일 하나님이 존재한다면, 그분은 여기에 계신다. 집과 거리, 술집과 일터 어디든 계신다는 말이다. 그리고 그분이 나에게 관심이 있고 내가 그분을 사랑하고 섬기기 원하신다는 게 사실이라면, 전문가의 간섭이 일절 없이 나를 비롯한 누구나 다 그분에게 접근할 수 있을 것이다. 하나님이 과연 하나님이라면, 그분은 크고 관대하고 장엄하셔서 누가 감히 하나님을 독점하거나 자신의 상자 속에 그분을 가두었다고 말할 수 없다.'

이런 소리를 들은 그리스도인이라면 선뜻 나서서 교회를 옹호할 것이다. 모든 대의가 효과를 발휘하려면 조직화되어야 하고, 모든 사회는 나름의 규율이 있어야 하고, 그리스도가 친히 교회를 설립했다는 식으로 말이다. 그런데 교회가 외부인에게 하나님은 기구를 통해서만 일하신다는 인상을 준다면, 그리고 설상가상으로 교회의 이름표가 안 붙은 다른 모든 기구를 배척한다면, 그 사람은 그런 하나님이 너무 답답하고 부적절하게 느껴져서 '그들의 집단에 가입하기를' 거부할 것이다.

기독교가 국교주의로 전락하고 온 인류를 위한 복음이 하나의 신념 체계로 축소된 데에는 물론 많은 이유가 있다. 하지만 주원인은 부적절한 신을 예배하는 데 있다. 그 신은 예배하는 자들이 생각하는 '좋은 교인'이라는 틀에 짜넣은 규격화된 신이다. 사람은 자기가 하는 행동으로 자기가 예배하는 대상을 무심코 드러내기 때문이다.

교단을 막론하고 모든 그리스도인은 자기네 신이 자기네 교단의 슈퍼모델이라는 말을 들으면 즉시 반박할 것이다. 의식적으로 그런 예배를 드린다는 뜻은 아니다. 그럼에도 의식적인 수준 아래편에서는 예컨대, 앵글로 가톨릭 신자는 하나님이 특별히 앵글로 가톨릭교회를 기뻐하고 복음주의 교단에는 의심의 눈초리를 보내시며, 사실은 모든 형태의 비(非)국교주의를 싫어하신다고 생각하기가 쉽다.

영국국교회에서 받은 안수는 '무효'이고 국교회 성례를 통해서는 '은총'을 받을 수 없다고 주장하는 로마 가톨릭교도는 로마 가톨릭을 통하지 않고는 은혜를 베푸는 일에 인색한 신을 예배하는 것이 분명하다. 다른 한편, 극단적인 저(底)교회에 속한 신자는 자기가 예배하는 신은 제단에서 사용하는 예복과 향과 초를 강하게 거부한다고 생각한다.

주중 어느 날이든 지겹게 재생산될 수 있는 이런 실례들은 참으로 비극적인 현상이 아닐 수 없다. 그것은 단순한 의견 차이가 아니라 아마 심판의 날까지 계속될, 하나님을 특정한 관점을 대변하는 파당 지도자로 간주하는 어리석기 그지없고 저주받아 마땅한 죄이기 때문이다.

교회 바깥의 사려 깊은 사람의 눈에는 교단 간의 차이점이 크게 거슬리지 않는다. 다행히 그 사람은 내부 사정을 잘 모르기 때문에 그저 인간의 취향과 기질의 심리적인 차이가 종교 영역에서 표출된 것으로 생각한다. 그가 도무지 참을 수 없는 것은 제각기 자기네만 '옳다'고 주장한다는 점이다.

이런 판단은 그의 경험에 따라 결정되는 것이 당연하다. 그리스도께서도 "그들의 열매로 그들을 알리라"(마 7:20)고 말씀하시지 않았는가. 자기들만 전능한 하나님의 사상에 따라 제정되고 유지된다고 주장하는 배타적인 교회가 있는데 그 교회가 실제로 훌륭한 그리스도인의 성품을 길러내고, 살아있는 성령으로 충만하며 기독교적 영향력을 크게 미치고 있다면, 그 교회의 그런 배타적인 주장을 이해할 수 있을 것이다.

그러나 그는 그런 교회를 하나도 발견하지 못한다. 하나님의 은총을 독점하거나 그리스도인다운 성품을 길러내는 유일한 비법을 가지고 있는 교단은 없다. 외부 관찰자가 볼 때 진정한 하나님은 그 어떤 상자에도 구속되지 않으신다. "바람은 임의로 불매…성령으로 난 사람도 그러하니라"(요 3:8)라는 말씀처럼 성령은 사람의 손에 좌우되지 않기 때문이다.

더구나 교회 바깥에 있는 우리의 사려 깊은 관찰자는 나름대로 많은 생각을 했다. 현대 물리학과 생물학, 천문학과 심리학이 발견한 것들은 하나님의 '크심'에 대한 그의 관념에 심오한 영향을 미쳤다. 만일 사람이 관찰할 수 있는 굉장히 복잡한 현상 배후에 어떤 지성(Mind)이 존재한다면, 그것은 엄청난 권능과 지혜를 지닌 존재의 지성일 것이다. 자그마한 신의 지성은 결코 아니라는 말이다.

그는 그런 존재가 이 작은 지구에서 도덕적 목적을 이루고자 한다는 것을 충분히 납득할 것이다. 그리고 모든 그리스도인이 고백하듯이, 그런 하나님이 친히 지구에 오시려고 일부러 자신을 낮추어 인간이 되셨다고 믿는 것도 가능할 것이다. 그러나 그런 하나님이 오직 주교들이 즐비한 곳에서만 활동한다는 말을 듣는다면 정신 나간 헛소리라고 할 것이다.

교회의 분열 배후에 있는 전통과 신념, 정당한 차이점과 감춰진 분노 등을 전혀 모르는 '외부인'으로서는 연합의 이점을 명백히 알기에 교회들이 '하나가 될 수' 없는 이유를 알 수 없다. 물론 교단 사이에는 다수의 정당한 차이점이 있어서 문제가 복잡한 게 사실이지만, 그것이 해결 불가능하게 된 이유는 각 교단마다 (아마 무의식적으로) 하나님을 로마 가톨릭이나 국교도, 침례교도나 감리교도, 장로교인 등으로 상상하기 때문이다.

만일 그들이 자기네의 작은 신 너머에 계신 진정한 하나님을 얼핏이라도 볼 수만 있다면, 그들은 자신들의 어리석음을 깨닫게 될 것이다. 그러면 지금처럼 교단간의 차이점을 겉으로는 공손하게, 속으로는 경멸조로 무시하는 일은 사라지고 그 모든 차이점을 뛰어넘어 하나가 될 수 있을 것이다.

최고 경영자

어떤 하나님 관념은 처음에는 매우 고상하고 훌륭한 듯 보이지만 면밀히 살펴보면 역설적이게도 또 다른 '너무 작은' 관념에 불과하다는 것이 드러난다. 다름 아니라 이 어마어마하게 광대한 우주를 책임지고 있는 하나님이 보잘것없는 지구에 존재하는 미미한 인간의 삶에 관심을 두실 수 없다는 주장이다.

과학이 우리에게 보여주기 시작한 믿기 어려울 만큼 그 거대한 시스템을 관리하는 전능자가 얼마나 큰지는 상상하기조차 어렵다. 하나님은 그처럼 거대하고 (개인은 차치하고라도) 우리 삶의 전 영역은 그에 비해 너무나 미미하다. 따라서 그리스도인이 고백하듯이 그분이 인간 개개인의 삶에 세세한 관심을 두신다는 게 우리로서는 도저히 믿어지지 않는 일이다. 은연중에 도덕적 책임에서 해방되고픈 (그리고 종교는 욕망에 물들어있다고 주장하는) 사람들에게는 이것이 큰 안도감을 줄지도 모른다. 마치 학생이 천 명이나 되는 학교에서 한 학생이 자신의 작은 잘못이 교장의 눈에 발각될 가능성이 거의 없다고 생각하며 안도감을 느끼는 것처럼 말이다. 하지만 어떤 이들은 자기가 그처럼 하찮은 존재라는 것이 서글프기 짝이 없을 것이다. 그래서 해방감을 느끼기보다는 표류하는 존재라고 느낄 것이다.

하나님의 엄청난 '크심'에 사람들이 어떻게 반응하든지 간에, 사람들이 흔히 "나는 그처럼 엄청난 하나님이 내게 관심이 있다는 것을 도저히 상상할 수 없다"는 식으로 말하는 것에 주목하라. 그는 "도저히 상상할 수 없다"고 말한다. 이 말은 '엄청나게 거대한 것'에 대한 생각과 '미미한 것에 대한 세세한 관심'이란 관념을 동시에 품을 수 없다는 뜻이다. 하지만 그가 이렇게 생각한다고 해서 하나님이 양자(와 그 밖의 수많은 것들)를 모두 이룰 수 없다는 것이 증명되는 건 아니다.

"그런 하나님을 생각할 수 없다"는 말 배후에는 무의식적이면서도 매우 흔한 원인인 '부적절한 신들'이 있을지 모른다. 즉, 인간의 지식과 경험에 근거하여 만든 하나님의 모습이 있을 수 있다는 말이다.

예를 들어, 한 사람이 50명을 관리하고 있다면, 각 사람의 내력과 성품, 능력과 특징에 대해 쉽게 알 수 있다. 만일 500명을 관리하고 있다면, 여전히 각 사람에게 개인적인 관심을 보일 수 있다. 그렇지만 각 개인의 세부사항을 알고 기억하는 일은 거의 불가능하다. 만일 5,000명을 관리하고 있다면, 대체로 현명하고 호의적인 태도를 취할 수는 있지만 개개인을 잘 아는 일은 불가능하고 그런 노력을 기울이지도 않는다.

높은 지위에 오를수록 개인 접촉은 더 줄어들기 마련이다. 현대 세계에서는 여러 목적으로 모인 대규모 인파가 많기 때문에 자기가 관리하는 '부하'에 대한 개인적인 돌봄이 줄어들 수밖에 없다. 이런 인식이 우리 무의식에 스며들어 만유의 최고 신은 개개인과 거의 접촉할 수 없다고 생각하기가 쉽다. 만일 하나님이 무한히 높은 분이라면, 무한히 작은 개인과 접촉한다는 생각은 웃음거리밖에 되지 않을 것이다.

하나님의 모습을 우리 인간에 대한 지식에 따라 그린다면 그렇다는 말이다. 그렇기 때문에 처음에는 너무도 적절한 하나님 관념처럼 보이던 것이 실제로는 너무나 작은 토대에 기초한 부적절한 관념이라는 것을 알 수 있다. 사람은 하나님의 형상대로 만들어졌지만, 하나님을 무한히 확대된 사람으로 생각하는 것은 잘못이다.

예컨대, 하나님이 전 세계 사람들의 기도와 열망을 동시에 듣고 응답한다는 말을 들으면 상당히 우려하는 사람들이 있다. 이유인즉 거대한 크기의 전화교환대 앞에서 수많은 전화에 응답하느라 정신없는 교환원 하나님을 머릿속에 떠올리기 때문이다. 확대된 인간이 불가능한 일을 수행하는 모습을 떠올리기보다는 차라리 "나로서는 어떻게 그럴 수 있는지 모르겠다"(이것이 틀림없는 진실이다)고 솔직히 말하는 편이 낫다.

그러므로 하나님의 위대함에 대한 모든 '고상한' 관념들이 특정한 인간적 특징의 확대판으로 판명되지 않도록 예의 주시할 필요가 있다. 예를 들어, 우리는 음식과 성적 매력, 물질적 안락을 모두 '초월한 정신'을 가진 금욕적인 영적 유형을 흠모할 수 있다. 그런데 하나님의 거룩한 모습을 생각할 때 이런 영성과 금욕주의를 몇 배로 확대시킨다면, 이상한 결론에 이르고 말 것이다. 그래서 하나님의 아기들에 대한 관심은 우리가 쉽게 상상할 수 있을지 몰라도(아기들은 '천국의 단편'이 아닌가), 하나님이 그 아기들을 잉태하게 하는 성행위를 설계한 것은 고사하고 승인하는 것조차 도무지 상상할 수 없는 것이다!

이와 비슷하게, 우리가 하나님께 드리는 공적인 예배는 최고의 질을 지녀야 한다는 것은 당연히 옳다. 그렇다고 해서 성실하지만 서툰 성가대의 노래보다 냉소적인 프로급 성가대의 정교한 노래를 선호하는 신을 상상해서는 안 된다.

하나님을 단지 확대판 인간으로 상상하는 것은 그분을 부하의 세세한 삶에 신경을 쓸 만큼 시간을 낼 수 없는 사령관으로 생각하는 것과 같다. 반면에 인간을 너무나 초월한 신, 우리가 '가치'를 이해할 수 있는 인간적 맥락에서 너무나 동떨어진 신을 생각하는 것은 완전한 자질로 뭉쳐진 신을 그리는 것과 다름이 없다. 즉 하나의 관념에 불과한 신을 상상하는 것이다.

  우리에게는 큰 것과 작은 것을 동시에 보유하시는 하나님이 필요하다. 기독교에 따르면, 이것이 바로 예수 그리스도를 통해 계시된 참되고 만족스런 하나님의 모습이다. 이에 대해서는 나중에 더 공부하게 될 것이다.

작품 속의
하나님

대다수의 사람은 어느 정도 제한된 인생관을 갖고 있으며, 자기가 생각하는 것 이상으로 책과 영화와 연극에 나오는 삶의 대리 경험에 크게 의지한다.

예컨대, 우리 가운데 어떤 탐정이나 의상 디자이너, 서커스단 소유주, 권투 선수, 중심가의 전문의를 개인적으로 잘 아는 사람은 극히 드물다. 하지만 노련한 작가는 우리가 마치 이런 사람들의 마음과 삶 속에 들어간 것처럼 느끼게 만들 수 있다.

거의 예외 없이 우리는 우리가 읽거나 본 것을 소위 '경험'의 테두리 내에 포함시킨다. 이 과정은 거의 자동으로 이뤄지기 때문에, 우리의 '세상에 대한 지식' 가운데 직접적인 관찰과 경험에 의한 것이 얼마나 적은지를 알게 되면 큰 충격을 받을 것이다.

이런 간접 지식이 우리가 다루고 있는 주제에 어떤 의미가 있는가? 우리 머릿속에 서서히 형성되는 하나님 개념은 우리가 삶의 '행운'과 '불행'에서 끌어낸 결론에 좌우된다. 우리는 하나님이 그분의 피조물을 다루는 방식을 통해 '하나님'을 알게 된다. 그러므로 우리 인생 지식에 결함이나 편견, 또는 감상적인 요소가 있으면 진정한 하나님과는 전혀 다른, 작품으로 알게 된 신을 발견할 가능성이 높다.

허구적인 작품(여기에는 책과 영화와 연극이 포함된다)은 다음 세 가지 방식으로 우리를 오도할 수 있다. 이는 물론 하나님과 그분의 활동에 무의식적으로 품고 있는 우리의 관념에 심대한 영향을 미치는 것이다.

1. 하나님과 '종교적' 이슈들을 은근히 무시한다.

엄청나게 많은 작품에서 마치 하나님이 존재하지 않고 등장인물에게 종교적인 면이 전혀 없는 것처럼 인생을 묘사한다. 예를 들어, 작품 속에 나오는 매력적인 인물들, 즉 아주 쾌활한 성격을 과시하고, 굉장한 난관을 놀라운 용기로 극복하고, 아주 고귀한 희생으로 최고의 행복과 평안을 성취하는 사람들은 모두 하나님과 관계가 없는 것처럼 보인다. 그래서 독자는 기독교가 '하나님의 능력을 구하는 것' 등에 대해 떠드는 것이 공연한 법석에 불과하다고 느낀다.

이와 반대로, 악한 등장인물들은 정욕이나 잔인성, 비열함이나 교만함이 극에 달해도 양심의 가책을 조금도 받지 않는 것처럼 보인다. 그들의 약점이 노출되었을 때 그들에게 더 나은 삶의 방식을 가르쳐주는 영적 세력도 없다. 그래서 회개는 생각할 수조차 없다. 그 결과 독자는 무의식적으로나마 하나님은 '나쁜' 등장인물들에게 아무런 영향력도 미치지 못하는 존재라고 결론을 내린다.

물론 정상급 작품은 이처럼 하나님과 신앙을 회피하지 않지만 일반 작품에서는 그런 일이 비일비재하다. 특히 영화에서는 특별한 경우를 제외하고 대부분 '섭리'라는 것을 고리타분한 개념으로 만들어 놓는다. 그래서 통속적으로 범죄자는 벌을 받고 해피엔딩으로 끝나게 된다. 영화 속의 장면과 하나님의 실제 행동에 비슷한 면이 있다면 그것은 우연의 일치일 뿐이다.

실제 삶 속에서 평범한 사람들은 때때로 하나님과 영적 문제를 생각한다. 악한 자와 경솔한 자도 이따금 양심의 가책을 느낀다. 더 나아가, 작가가 즐겨 사용하는 긴장과 위기가 종종 영적 의식을 일깨우기도 한다. 거침없이 말하고 때로는 등장인물의 행동을 지나칠 정도로 분석하는 현대 작가가 사람과 하나님의 관계를 그토록 자주 우회한다는 것은 매우 의외의 현상이다.

2. 고의적으로 신앙을 왜곡한다.

물론 작가는 "우리가 기독교를 선전할 책임이 없지 않는가?" 하고 반론을 펼 수 있다. 맞는 말이다. 그러나 '인생을 비추는 거울을 제공하는' 과업을 맡은 작가가 기독교와 교회를 하나의 조롱거리로 묘사하는 것 또한 그의 본분이 아니다.

작가로서는 성직자를 우습고 편견에 가득 찬 인물로, 혹은 인생을 모르는 무식자로 그리고, 그리스도인을 위선자로 그리는 것이 굉장히 재미있을지 모른다. 그는 진정한 모습보다는 가정에서 폭군 노릇을 하는 성직자나 은밀한 사디스트인 집사가 더 큰 작품적 가치가 있다고 생각할지 모른다. 그렇게 하는 것이 '종교는 다 썩었다'고 생각하는 독자에게는 큰 만족을 줄지 모르지만 인생의 참 모습을 제공하는 행위는 아니다.

물론 최고의 작품은 이런 잘못을 저지르지 않는다. 그러나 그런 문제가 대중 작품에는 매우 흔하기 때문에 많은 독자의 종교관과 하나님 개념에 큰 영향을 미친다.

3. 작가의 손놀림에 달려있다.

픽션 작가는 작품의 등장인물에게 신과 같은 존재이다. 이런 매력에 끌려 사람들이 작가가 되려고 하는지도 모르겠다. 작가는 신비롭고 기상천외한 방법으로, 혹은 부당한 방법으로 놀라운 구상을 실행에 옮긴다. 그리고 아무도 그를 막을 수 없다. 그가 토마스 하디 같은 노련한 작가라면 독자 의식 속에 참된 하나님 대신 짓궂은 장난을 치는 운명의 신을 심어줄 것이다. 작가는 신과 같은 존재이기에 간단한 손놀림으로 독자를 비탄에 빠뜨릴 수 있다. 그렇다고 해서 실제 삶이 그렇다는 증거를 제공하는 것은 아니다.

『리어왕』의 비극은 코델리아(『리어 왕』의 등장인물로, 왕의 막내 딸인 그녀는 못된 두 언니 때문에 부왕의 미움을 샀다)에 대한 셰익스피어의 손놀림에 달려있다고 말할 수 있을 것이다. 코델리아가 자기의 어리석은 행동이 어떤 결과를 낳을지 예측할 수 없었기 때문에 비극이 시작되었다. 그런데 '비극의 대가'(大家)가 정교하게 꾸민 불행을 실제 삶에서 고통을 초래하는 복잡한 상황과 요인들과 혼동한다면, 그건 큰 잘못이다.

작가가 인위적으로 꾸며낸 작품에서 추론하여 인생의 본질과 하나님에 관해 결론을 내리기는 거의 불가능하다. 그러므로 우리는 작품을 통해 배운 신을 늘 경계해야 한다. 작품에 나오는 관념을 수용하다보면 그런 신이 머릿속에 자리 잡기 때문이다.

따라서 조금이라도 인생을 직접 관찰한 사람이 픽션에 나오는 상상의 세계를 접한 사람보다 더 나은 결론에 도달하기 마련이다.

끝없는
불평의 대상

어떤 사람들은 하나님의 이미지를 실망 그 자체로 여긴다. 그들은 분노와 자기연민이 섞인 목소리로 "내가 믿었던 분이 나를 실망시켰다"고 토로한다. 따라서 그들 삶의 나머지 부분은 실망의 그늘로 드리워져있다. 그리하여 하나님과 교회, 종교, 혹은 목사라는 말을 입에 담을 때마다 '하나님은 곧 실망스러운 존재'라는 서글픈 결론에 도달하게 된다.

일부는 물론 이런 끝없는 불평을 즐긴다. 사람들은 세월이 흘러도 응답받지 못한 기도나 억울한 재난의 세세한 내용을 좀처럼 잊지 못한다. 사람들이 '수술'을 받았을 때 들었던 무서운 생각을 낱낱이 얘기할 때 일종의 쾌감을 느끼는 것처럼 하나님의 야속함을 상기하면서 잔인한 쾌감을 느끼는 모양이다.

또 어떤 이들은 하나님이 자기를 실망시켰다는 것을 빌미로 도덕적 노력이나 책임에서 벗어나려고 한다. 이들에게 하나님께 순종하라고 말하면 하나님이 그들을 실망시킨 것을 반복하여 이야기하면서 거부의 반응을 보인다.

이런 신은 물론 지극히 부적절하다. 하나님이 자기를 실망시켰다고 믿는 이들은 원망으로 가득차서 그분을 예배하거나 섬길 수 없는 법이다. 그들은 먼저 하나님이 마땅히 해야 할 일과 해서는 안 될 일을 자기 마음속에 정해 놓고, 하나님이 그것을 따르지 않을 때 불만을 느낀다.

그러나 인간은 하나님의 일하시는 방식을 최대한 아는 것이 더 바람직하다. 하나님이 인생이라는 '거대한 실험'에서 이루시고자 하는 목적들을 위해 스스로 정하신 한계를 최대한 발견해야 한다. 그리고 우리 자신을 하나님이 정하신 원리에 맞추고 그 목적과 협력하기 위해 최선을 다해야 한다. 그 목적을 정하는 과정에 우리가 참여하진 않았지만 그것이 선하다는 것을 알고 있기 때문이다.

자신의 계획을 달성하기 위해 하나님을 편리한 도구나 버팀목, 위로의 수단으로 이용하려는 사람에게는 하나님이 실망스런 존재로 비칠 것이다. 그러나 하나님은 그분의 목적에 진심으로 협력하기 원하는 사람을 결코 실망시키신 적이 없다.

이 세상은 하나님이 모험적으로 자유의지를 주신 곳이므로 어쩔 수 없이 '나쁜 일과 우발적인 사건'이 발생하기 마련이다. 게다가, 오랜 세월 동안 수많은 사람이 온 우주의 설계자보다 스스로를 기쁘게 하려고 했던 행습이 쌓이고 쌓여 지구 전체를 전염시킨 결과, 신학자의 말대로 "죄로 가득 찬" 세상이 되었다. 그리하여 거칠고 둔감하고 이기적인 사람은 약삭빠르게 불행을 피하는 반면, 약하고 민감한 사람은 고통당하기 일쑤다.

일단 자유의지를 인정하면 불의와 불평이 있을 수밖에 없다. 그리스도도 언젠가 "실족하게 하는 일이 없을 수는 없으나"(마 18:7)라고 말씀하지 않았던가. 우리는 하나님이 왜 사람에게 선택의 능력을 주셨는지 의아해할지도 모른다. 차라리 늘 선하고 쾌활하고 친절한 로봇을 만들었으면 좋을 뻔했다고 생각할 수도 있다.

그런데 문제는 '하나님이 이렇게 저렇게 하실 수도 있었을 텐데'가 아니라 하나님이 실제로 행하신 일이다. 우리는 사물의 구조를 있는 그대로 받아들여야 한다. 누군가를 탓해야 한다면 잘못된 선택을 하여 세상을 타락시킨 아담을 원망하는 편이 더 공평하다.

하나님을 실망 그 자체로 느끼는 사람들은 우리가 어떤 지구에 살고 있는지를 모른다. 그들은 규율에 따라 움직이는 유치원과 같은 권선징악의 세상을 원한다. 지금 여기에서 선한 사람은 예외 없이 잘되고 악한 사람은 반드시 고통을 당하기를 바란다. 이런 정의감에 문제가 있는 것은 물론 아니다. 그러나 그들은 현세의 조건, 즉 인간의 자유의지가 작동하여 그분의 계획이 이뤄지도록 하나님이 개입하지 않고 있는 상황을 이해하지 못한다. 하지만 현세의 무대를 가리던 커튼이 내려가고 객석의 불이 켜지고 우리가 '진짜 세계'(영원한 곳)로 나갈 때에는 정의가 완전히 실현될 것이다.

우리의 제한된 시각 때문에 나무만 보고 숲을 보지 못하는 경우는 늘 있기 마련이다. 우리는 때때로 명백한 불의와 무의미한 비극을 통제할 수도, 이해할 수도 없을 것이다. 우리 자신보다 지혜와 사랑과 정의감이 부족한 신을 마음대로 상상하고는 그 신을 비난하는 데서 엉뚱한 쾌감을 느낄 수도 있다. 그러나 그것은 쓸데없는 일이다. 실망 그 자체인 하나님을 예배할 수는 없기 때문이다.

창백한 갈릴리인

그리스도인들이 아주 솔직하다면 그들 다수에게 하나님이 부정적인 존재로 다가온다는 사실을 시인해야 할 것이다. 하나님이 온유한 음성으로 그들의 모든 잘못을 낱낱이 지적하시기 때문에 하나님을 부정적인 존재로 그리는 것만은 아니다. 그보다는 하나님이 그들의 본성을 부정하고 속박하고 억제하는 신적 본성을 갖고 있는 것처럼 보이기 때문이다. 그들은 시인하지 않겠지만 사실 그들은 19세기 영국 시인, 스윈번의 신랄한 시구를 대변하는 산 증인들이다.

그대가 이겼습니다, 오 창백한 갈릴리인이여!
그대의 숨결 때문에 세상은 음울해졌습니다.

동시대를 사는 비그리스도인에 비해 그들은 생기와 혈색, 자발성과 자신감이 적어 보인다. 그들의 신은 온갖 금기사항을 내놓고 있지만 활력과 용기는 공급하지 않는 것 같다. 그들은 신의 그림자 아래 살고 있을지는 몰라도 오히려 그것 때문에 위축되고 창백하고 약해진다. 그들은 신성모독이라고 생각하면서도 그 신이 자신들의 인생을 망치는 주범이라고 여긴다. 그런 신을 활기와 독립심을 품고 풍성한 인생을 즐기는 사람들이 외면하는 것은 놀랄 일이 아니다.

방금 묘사한 것은 물론 거짓 신의 특징이다. 하지만 이런 신을 숭배하는 사람들은 자기가 속박되어 있다는 사실을 잘 모른다. 만일 그렇지 않다면 얼른 떠날 것이다. 이런 부정적인 신에 묶여있는 것은 성장배경이나 교회의 전통, 잘못된 성경 해석, 혹은 병든 양심 때문이다. 결국 그들은 그들 본연의 모습을 찾는 것과 자유를 누리는 것, 아름다움을 즐기는 것, 성장하고 발전하는 것이 잘못이라고 생각하게 된다. 그들의 신이 허락하지 않으면 그들은 아무 것도 할 수 없다. 그들은 자신들이 '신의 계획'의 테두리를 감히 넘기라도 하면 조만간에 재난이 덮쳐 그들을 신에게 복종시킬 거라고 생각한다.

그들은 열심히 노력해야 자기들의 편협한 충성심을 유지할 수 있다. 그들에게는 너무나 찬란하고 아름답고 매력적인 참 하나님을 흠모하고 사랑하고 예배할 수 있는 기회가 없다. 그들의 신이 질투하기 때문에 그들은 기껏해야 사랑하고 예배할 뿐이고, 이것이 그 신의 뜻과 명령을 따르는 길이다. 그들의 삶은 그들이 믿는 신과 마찬가지로 답답하고 편협하고 무미건조하다.

그런 신을 예배하면 보상이 따르기 마련인데, 보통은 다음과 같은 것들이다.

1. 부정적인 신을 경배하지 않는 사람들이 누리는 자유와 기쁨은 한갓 착각일 뿐이라고 믿는다.

그들은 그들의 신을 모르는 사람들이 겪는 내적 긴장과 갈등을 상상하고 설명하면서 스스로를 위로한다. 그러나 분별 있는 사람들이 정상적으로 느끼는 일상생활의 긴장과 갈등이 삶의 활력과 혈색을 앗아가는 거짓 신을 경배할 때 따르는 끝없는 긴장보다 낫다.

2. 부정적인 신의 위압에 눌릴 때 마조히스트적 쾌감을 느낀다.
이런 심리는 아직도 일부 교파에서 부르는 찬송가에 잘 표현되어 있다.

아, 쓸모없는 존재, 쓸모없는 존재가 되어
주님의 발아래 엎드릴 뿐
이 깨지고 텅 빈 그릇
주님 손에 쓰임받길 바랄 뿐이니

부정적인 신은 당연히 유머를 금지한다. 그렇지 않으면, 이런 신을 신봉하는 자들이 모든 사람의 야망을 '쓸모없는 것'으로, 그들을 하나님의 발아래 엎드린 '깨지고' '텅 빈' 그릇으로 여기는 일이 얼마나 불합리한지를 알아차릴 것이기 때문이다.

더 나아가, 이런 사람들이 상기한 가사와 여기에 반영된 하나님 개념을 정당화하기 위해 신약 성경을 뒤져도 헛수

고로 끝날 것이다. 신약 성경에는 자유와 기쁨, 용기와 활력이 가득하기 때문이다. 사람들에게 하나님을 모시고 '의미 있는 존재'가 되라고, 당당히 맞서 싸우라고, 기쁨과 용기와 활력으로 가득 찬 삶을 살라고 가르치는 책이 바로 신약 성경이다.

3. 자신이 '특별한 존재'라고 생각하며 스스로 위로한다.

부정적인 신을 예배하는 자들은 '세상'을 위해 선하게 되는 것으로는 충분하지 않다고 생각하며 스스로를 위로하고, 그들 스스로 '선택받은 특별한 존재'라고 믿는다. 그래서 아름다운 예술과 정상적인 즐거움과 레크리에이션을 모두 박탈당한 채 무미건조한 삶을 산다 해도 개의치 않는다. 또 그것을 구별되고 특별한 사람들이 치를 작은 대가라고 생각한다.

그들은 스스로 특별한 존재라는 생각을 필사적으로 붙잡지만, 마음속으로는 그들의 삶이 소위 '세상적인' 그리스도인들의 삶보다 나은 것이 없다는 사실을 알고 있다. 그런데도 '구별됨'을 보여주는 규칙을 고수함으로써 자신들이 그들의 신에게 총애를 받는다고 느끼고 싶어 한다.

이 모든 것은 참으로 안타깝고 달갑잖은 모습이지만 그리스도인들 가운데서 흔히 눈에 띈다. 그들에게 이런 질문을 던지고 싶다. 당신은 언제나 찡그리고 있는 가상의 신을 과감하게 뿌리치고 참 하나님, 곧 긍정 그 자체이시고 생명과 용기와 기쁨을 주시는 분, 그분의 자녀가 스스로 서기를 원하시는 그 하나님을 찾고 싶지 않은가?

자기를 닮은
신

영사기가 우표 크기의 사진을 스크린에 투사하여 큰 이미지를 만들어내듯이, 인간의 마음도 자기 속에 있는 것을 다른 사람의 관념과 감정에 '투사하는' 경향이 있다. 예컨대, 잘못을 범한 사람은 다른 사람들은 그 사실을 전혀 모르는데도 그들에게 의심과 비난을 투사할 것이다. 이것은 물론 흔히 일어나는 심리현상이다.

우리가 하나님을 생각할 때에도 똑같은 현상이 일어난다. 앞에서 지적했듯이, 어떤 이들은 하나님 관념이란 것이 어린 시절 아버지의 보호를 받고 싶던 마음이 투사되어 생긴 결과라고 말한다. 그러나 이런 주장을 수용할 수 없는 이유는 이미 다룬 바 있다. 엄격한 청교도 사회는 그곳의 지배적인 속성을 투사하여 엄하고 청교도적인 신을 만들어낼 것이다. 느슨하고 느긋한 사회는 도덕적으로 산타클로스 수준의 신을 생산할 것이다.

이런 경향은 개인에게서도 볼 수 있다. 7장에서 "상자 속의 하나님"을 다룰 때 얘기한 것처럼 사람들은 완벽한 교인의 모습을 지닌 신을 만들어내려는 경향이 있다. 그런데 한 걸음 더 나아가서 우리의 도덕적 속성을 지닌 신을 만들어내기도 한다. 물론 굉장히 확대되고 정화된 모습이겠지만 여기에는 여전히 맹점이 있다. 그래서 우리가 상상하는 신은 술 취함은 단호히 반대하면서도 우리가 흔히 생각하는 것처럼 "사업은 어디까지나 사업"이라며 우리의 사업 수단에 대해서는 눈감아주기도 한다.

하나님 개념이 우리의 선한 속성의 확대판에 지나지 않는다면 우리의 봉사와 예배는 결국 우리 자신을 섬기고 예배하는 것에 불과하다. 그런 신은 우리 자존감을 세워주는 버팀목이 될지는 모르지만, 우리의 도덕적 승리를 지원할 능력이 없으며, 우리가 어려움에 처할 때면 당혹스럽게도 사라지고 말 것이다.

뿐만 아니라 우리는 단지 투사된 것에 만족할 수 없는 존재들이다. 나르시스조차 때로는 물에 비친 자기 모습을 흠모하는 데 싫증이 났을 것이다! 사람들이 친구나 배우자를 선택할 때 자기와 전혀 다른 사람을 자주 선택하는 것만 봐도 언제나 자기와 닮은꼴만 추구하는 것이 아니라는 사실을 알 수 있다. 우리가 진정으로 예배하고 우리 자신을 헌신할 만한 하나님을 찾으려면, 그 하나님은 우리를 무한히 확대시킨 존재일 뿐 아니라 우리와는 '다른' 누구여야 한다.

기독교야말로 이런 필요를 채워준다는 것을 나중에 살펴보면 알 것이다. 여기서는 우리 자신의 투사물에 불과한 신은 인생의 문제를 해결할 수 없고 또 진정한 예배나 섬김의 마음을 불러일으킬 수 없다는 점만 지적하고자 한다. 그런 신은 마치 물웅덩이가 나르시스에게 위험했듯이 우리에게 위험한 존재이다.

그 밖의 다양한 모습

앞에서 하나님에 관한 열두 가지 관념을 다루었다. 이 밖에도 많이 있지만 여기서는 추가로 몇 가지만 간단히 묘사한다.

급히 서두르는 하나님

자연과 성경에 계시된 하나님을 받아들이는 사람은 그분이 서두르는 법이 없는 분임을 알 것이다. 오랜 준비와 꼼꼼한 계획, 느린 성장이야말로 영적 삶의 주된 특징이다. 그런데도 정신없이 서두르는 사람이 적지 않다. 그들은 에스라서에 나오는 "왕의 어명이 매우 급하매"(8:14)라는 구절을 문맥과는 상관없이 자기 모토로 삼고 그들 자신과 추종자를 긴장과 불안으로 미치게 만든다! 해외선교를 뜨겁게 주창하는 사람은 "매초 수천 명의 이방인들이 그리스도 없이 영원한 멸망에 빠지는 것을 생각해보라!"고 외친다. 최근에 회심한 사람은 선교 집회에서 "이 세대에 복음화의 사명을 완수하자!"고 목청을 높인다.

이런 상황에서 그리스도의 침착하고 평온한 자세를 배우면 신선하고 유익하다. 그분의 막중한 과업과 책임은 그분을 미친 듯이 뛰어 다니게 만들 만했다. 그러나 그분은 결코 서두르지 않았고, 숫자에 현혹되지 않았으며, 시간에 쫓기는 노예도 아니었다. 그분의 말씀처럼 하나님이 행하시는 것을 보고 행했으며 결코 서두르시는 법이 없었다.

엘리트를 위한 하나님

인간은 '특권층'을 만들고 존경하는 특성이 있다. 현대의 일부 그리스도인은 신비주의자를 동료 그리스도인들보다 더 영적으로 우월한 존재로 간주한다. 그들은 평범한 예배와 기도 형식이 평범한 사람들에게는 충분할지 모르나 하나님을 직접 포착하는 자들에게는 부족하다고 생각한다. 하기야 자기 서재에서 환상을 기다리는 사람이 과연 교회의 저녁 기도회에 참석하겠는가.

신약 성경은 신비한 환상의 은사를 가진 사람들을 치켜세우지 않는다. 언제나 솔직하고 실제적인 입장을 취한다. 사람은 열매로 그 됨됨이를 알 수 있고, 하나님은 외모로 사람을 판단하지 않으신다. 참된 신앙은 어려움에 처한 사람을 찾아가고 환경이 나빠도 한결같이 믿음을 지키는 것과 같은 일상적인 모습으로 표출되기 마련이다. 물론 신약 성경이 하나님의 환상을 보는 것을 나쁘게 보는 건 아니지만, 그런 환상은 사랑과 섬김의 열매로 나타나야 한다고 주장한다.

스스로 하나님이라고 주장하신 예수 그리스도의 말씀을 받아들이는 신자들은 그분이 '신비주의 성자'의 모습에 걸맞지 않는다는 점을 주목할 필요가 있다. 신비주의자의 '우월성'에 매료된 사람들이 신비주의자의 특징들을 찾아내어 그리스도의 특징과 비교해보면, 양자 간의 차이점을 보고 깜짝 놀랄 것이다.

진정한 기독교는 특권층을 인정하지 않는다. "너희 중에는 그렇지 않아야 하나니 너희 중에 누구든지 크고자 하는 자는 너희를 섬기는 자가 되고 너희 중에 누구든지 으뜸이 되고자 하는 자는 너희의 종이 되어야 하리라"(마 20:26-27). "너희는 다 형제니라"(마 23:8). 그리스도께서 초기 제자들에게 하신 말씀이다.

벧엘의 하나님

신자들 중에는 예수 그리스도보다 여호와라는 말에 더 익숙한 사람이 적지 않다. 그들에게는 구약 성경이 신약 성경보다 더 큰 의미를 지닌다.

이들은 신앙을 하나의 계약으로 본다. 즉 그들이 어떤 규칙을 잘 지키면 하나님이 그들을 돌보고 복을 주신다고 믿는다. 이런 사람들은 신문사에 보내는 글에 "만일 우리나라가 십계명에 잘 순종하기만 하면" 하나님이 승리나 비, 좋은 날씨나 당장 필요한 것은 무엇이든 주실 것이라고 주장한다.

그들은 틀에 박힌 것을 좋아해서 복음도 하나의 공식으로 축소한다. 당신이 서명란에 서명만 하면 천국에 가는 데 아무 문제가 없다는 식이다! 그들은 정신보다 문자를 좋아하고 모호한 원리보다 명확한 계명을 선호한다. 그리고 '하나님'이라는 표현보다 '주님'이라는 말을 더 즐겨 사용한다.

그런데 이런 사람들은 하나님이 그리스도 안에서 이 세상에 오신 사건이 얼마나 혁명적인 것인지를 미처 깨닫지 못했다. 누군가 그들에게 "당신네는 '옛 사람에게 말한 바…하였다는 것을 너희가 들었으나, 나는 너희에게 이르노니'(산상수훈에 나오는 패턴)라는 그리스도 말씀의 취지를 받아들이지 않은 셈이다"라고 말하면, 그들은 어이없다는 반응을 보일 것이다.

그들이 오늘날의 '불신앙'을 개탄한다 해도 그들이 믿는 구약의 하나님은 현대인의 갈증을 채워주지 못한다. 하나님은 죽은 자의 하나님이 아니라 산 자의 하나님이다.

신성이 없는 하나님

이것은 가장 '계몽되고 현대적인' 하나님 관념의 하나이다. 하나님은 완전히 탈(脫)인격화되어서 '최고 가치들로 이뤄진 묶음'과 같은 존재로 전락한다. 이런 관념은 보통 온실 속에 살면서 인생의 우여곡절을 별로 겪지 않는 이들에게 인기가 있다. 지적인 부류에 속하는 사람들은 하나님을

(예배와 섬김의 대상이기는커녕) 최고의 가치 그 자체에 불과하다고 생각하는 경우도 있다.

이런저런 이름을 가진 하나님

인간은 실로 '예배하는 동물'이다. 어떤 이유로든 하나님을 섬기지 않으면 다른 무언가를 예배하게끔 되어 있다. 현대인이 흔히 섬기는 것들은 국가와 성공, 효율성, 돈, 외모, 권력, 안전보장 등이다. 물론 아무도 이런 것들을 "하나님"이라고 부르지는 않지만, 이것들은 큰 영향력을 지니고 있어 사람들은 참 하나님께만 드려야 할 헌신을 이것들에 쏟아 붓는다. 그래서 우리가 참 하나님을 찾을 때에만 그동안 예배의 본능이 엉뚱한 방향으로 왜곡되었다는 사실을 깨달을 수 있는 것이다.

2부로 들어가기 전에

2부를 시작하기 전에 먼저 약간의 설명이 필요한 것 같다. 우리는 지금 더 크고 더 좋은 신을 만들려는 것이 아니다. 그런 신은 이제까지 우리가 폐기처분한 신들과 마찬가지로 인위적인 신에 불과하다.

우리는 마음과 생각의 창을 열려고 노력할 것이다. 말하자면, 참 하나님의 빛이 비치도록 그 틈을 넓혀보자는 것이다. 만일 어떤 사람이 빛이 차단된 방에 산다면, 해가 눈부신 빛을 비추더라도 그 사실을 전혀 알지 못할 것이다. 촛불을 켜거나 골방의 벽에 구멍을 뚫을 수는 있다. 그러나 전자의 경우에는 인위적인 희미한 불빛만 시야에 들어오고, 후자의 경우에는 햇빛을 흘끗 볼 수 있을 뿐이다. 우리가 지금까지 살펴본 하나님의 모습 중 일부는 인위적이거나 참 빛을 흘끗 보는 정도에 불과한 실로 부적절한 하나님이다.

이제 우리는 새로운 촛불을 밝히는 게 아니라 꽉 닫힌 문을 열려고 한다. 조금만 더 생각하고 약간만 더 노력하면 얼마든지 문을 활짝 열 수 있는데, 굳이 초나 구멍으로 만족하겠는가?

YOUR GOD IS TOO SMALL

2부

당신의 하나님은 이런 모습인가?

정체가 불분명한
하나님

혹자는 참 하나님을 이야기하려고 정지작업(整地作業)을 하는 데 너무 많은 시간을 소비했다고 말할 수도 있다. 하지만 꼭 필요한 일이었다. 만일 무의식적으로 하나님을 독단적인 독재자나 흥을 깨는 존재로, 혹은 자기 지위를 이용해서 가련한 인간들에게 죄책감과 공포심을 심어주는 존재로 생각한다면, 우리는 그런 하나님을 섬기고 싶지 않을 것이다.

우리가 하나님을 예배하려면 하나님의 '크심'과 무한한 능력에 매료될 뿐 아니라 마음에 감동을 받아 진정한 동경과 존경과 사랑을 느낄 수 있어야 한다.

우선, 우리 마음의 문과 창을 활짝 열어젖히고 하나님의 '크심'을 이해하려고 노력해보자. 하나님을 종교적인 문제나 인생관에 국한하면 안 된다. 그분을 어느 특정한 시대에 묶어서도 안 되고, 이 작은 지구의 신으로, 혹은 천문학이 이제껏 발견한 크기만한 우주의 신으로만 생각해서도 안 된다.

우리가 머릿속에 그리려는 것은 물론 물리적인 크기가 아니다. 물리적 크기는 중요하지 않다. 합리적인 가치관에 따르면 인간은 그 자신보다 천만 배나 큰 산보다 훨씬 더 가치 있는 존재이다.

우리가 발견하고자 하는 것은 창조주의 거대한 행동반경, 과학이 밝히려는 놀랄 만큼 복잡한 하나님의 정신작용, 인간이 겨우 한 귀퉁이를 차지하고 있는 방대한 우주의 하나님이다.

한없이 넓고 큰 존재를 생각하면 거짓된 작은 신들의 모습이 보일 것이다. 하지만 여기에서 멈춘다면 정체가 불분명한 하나님이나 탈(脫)인격화된 '그 무엇'을 감지하는 데 그칠 것이다.

어떤 사람들은 '그 무엇'을 미래의 하나님으로 삼고 싶어 한다. 그들은 진(眞), 선(善), 미(美)와 같은 가치들을 기초로 어떤 정신적 개념을 쌓은 뒤에 우리에게 그 '최고 가치들의 근원'을 마음에 품고 예배하라고 권한다. 이런 하나님은 결코 인격적인 신이 아니다. 그런 관념이 우리 시대 최고의 지성은 만족시킬지 몰라도 보통 사람들은 만족시킬 수 없을 것이다. 이 관념은 인생의 절망과 허무함을 해결하는 복음을 제공하지도 못하고, 실제로 뿌리 깊은 악을 공격하는 첨병 역할도 못 한다.

우리가 예배하고 사랑하고 섬기려면 개인적인 관계를 맺을 수 있는 인격적 존재가 필요하다. 물론 비인격적인 하나님의 매력은 우리에게 아무 것도 요구하시지 않는다는 점이긴 하지만 말이다. 이런 신은 우리가 마음대로 이용할 수 있을 것이다!

여기서 우리는 교회 밖의 현대인들이 무의식적으로나마 안고 있는 딜레마를 보게 된다. 그들은 지성과 상상력을 사용하여 이런 식으로 생각할 것이다. '만일 최고의 존재가 실제로 존재한다면, 우리 조상들이 생각했던 것보다 무한히 큰 존재임에 틀림없다.' 그들이 알면 알수록, 과학이 더 많은 것을 보여줄수록, 정신 지평은 넓어지고 예전의 거짓된 작은 신들은 더 부적절하게 보인다. 그리고 이 방대함은 점점 더 인격이 없는 신으로 보이고 마침내 정체가 불분명한 추상적 관념으로 전락한다.

이 딜레마를 경험한 많은 사람은 하나님 알기를 포기하고 그들의 에너지를 인류의 '진보'에 쏟아 붓는다. '영원한' 가치관을 발견할 수 없다고 단정한 그들은 현세의 가치관에 관심을 갖고 '지금 이곳'의 상태를 개선하는 데서 어느 정도의 만족을 얻는다.

그러나 시간과 공간을 초월한 하나님과 상관없이 이런 활동을 하는 것은 어리석은 짓이다. 몇 가지 논리적인 단계만 밟아도 그것을 알 수 있다. 이렇게 가정해보자. 우리가 실제로 진보하고 있고, 인류가 그 끔찍한 전쟁들을 치르고도 서서히 더욱 건강해지고 부유해지고 현명해지고 있다고 말이다. 이 진보의 과정이 때로는 퇴보할 때도 있지만 수천 년, 아니 수백만 년 동안 계속된다고 가정하자. 그러면 먼 훗날 지구상에 사는 인간들은 과학 지식으로 자연을 정복했을 터이고, 심리적인 방법으로 대인관계의 모든 긴장과 불협화음을 해소했을 것이며, 믿을 수 없을 만큼 건강하고 행복하고 만족스러운 삶을 영위하게 되었을 것이다.

이것이 바로 인류의 진보를 위해 자발적으로 에너지를 쏟아 붓고 우리에게 "후손을 위해 살라"고 권하는 사람들의 목표이다. 그 이후에는 어떻게 될까? 우리가 아는 한, 이 지구는 결국 너무 추워져서 (인공적인 도구를 동원해도) 생명이 살 수 없게 되거나 다른 천체와 충돌하여 파괴되고 말 것이다. 이는 인류 진보의 총체적 결과, 즉 모든 노력과 열망과 이상의 총합이 우주 공간의 치명적인 추위 속에서 말살될 것이라는 뜻이다.

그런데도 많은 사람은 인류의 진보를 인생의 최고 가치로 여기고 있다. 그들 자신은 물론 최종 단계에 이를 때까지 살 수는 없겠지만, 그래도 백만 년 후 자손들의 행복을 위해 살고 죽는 것이 가치 있는 인생이라고 자부한다. 그러나 인류의 역사가 결국 무(無) 혹은 비(非) 존재로 끝난다면, 그 어떤 합리적인 사람도 그것을 인간의 마음과 생각을 사로잡을 만한 이상으로 여기지 않을 것이다.

실재를 가리키는
하나의 실마리

우리는 핵분열이 방출하는 엄청난 에너지를 발견하고 원자 폭탄의 파괴적인 위력을 목격함으로써 진정한 실재(Reality)를 인식하는 데 한걸음 더 진보하게 되었다. 그 결과로 이른바 '물질'이란 것이 파괴될 수 있다는 사실이 입증되었다. 예전에는 파괴될 수 없다고 믿었던 것들(장갑판과 콘크리트 같은 것)이 어떤 조건 아래서는 담배 연기보다 더 연한 증기로 흩어진다.

지구의 모든 생물과 무생물은 다양하게 배열된 원자들로 구성되어 있다. 따라서 어떤 실험이나 고의적인 행동이 연쇄반응을 일으켜 결국 이 세계를 구성하는 모든 원자를 폭발시킬 가능성도 배제할 수 없다. 좋든 싫든 우리는 현재 온 세계가 와해될 수 있는 위험을 안고 있는 셈이다.

그 결과 우리는 역사상 어느 때보다 영적인 가치들을 더욱 고귀하게 여기지 않을 수 없게 되었다. 이것은 곧 영적 자질 내지는 인격적 자질을 의미하는데, 이는 인식하고 평가할 수는 있으나 과학적인 측정과 물리적 파괴가 불가능하다. 지구의 궁극적인 운명과 인류를 위협하는 것들을 감안하면 '혹시 측정 가능한 물리적 실재 너머에 또 다른 실재가 있지 않을까?' 하고 생각하게 된다.

우리는 한때 인류가 생각했던 방식과 정반대로 생각해야 하지 않을까? 그들은 흔히 '영적인' 가치들을 그림자같이 실체가 없는 것으로, 물리적인 것을 탄탄하고 '실재적이며' 믿을 만한 것으로 이야기했다. 그런데 이제는 그 정반대가 사실일지 모른다는 생각이 든다. 우리는 어디에서나 물질이 파괴될 수 있다는 증거를 명백히 볼 수 있다. 따라서 어쩌면 '실재'가 또 다른 영역에 존재하고, 거기에 속한 가치들이 실체를 지닐 가능성도 있는 것이다.

이 점을 수용하는 정도는 물론 사람의 기질에 따라 다르다. 여러 시대에 걸쳐 수많은 평범한 사람들과 더불어 시인과 예술가와 철학자들이 영적인 것이 물질적인 것보다 훨씬 더 중요하다는 점을 깊이 깨달았던 것 같다. 대체로 그들은 현재의 물리적인 삶을 영적 세력들이 활동하는 가시적인 무대나 전쟁터로 보았다.

그리고 진선미(眞善美)와 같은 보편적인 가치들은 이 세상의 삶 속에 나타날 뿐 아니라 이 세상의 삶과는 별도로 존재하는 것으로 종종 생각했다. 그들 중 일부는 고난과 역경으로 물든 현세의 삶을 속박이 없는 자유로운 영적 삶으로 향하는 전주곡으로 간주했다. 이 세상도 중요하지만 일시적인 것에 불과하며, 진정한 실재는 영적 세상이라고 본 것이다.

물리적인 것이 파괴될 수 있음을 알게 되자 인류는 오랜 역사를 가진 이 직관적 지식을 강력하고 유용한 가설로 받아들이게 되었다. 그리고 이 가설에 대해 대부분의 사람이 마음속으로 동의하면서 실재의 발견에 필요한 강력한 실마리를 얻게 되었다. 그래서 하나님 관념도 훨씬 더 합리적이고 매력적으로 보이게 된 것이다.

만일 실재의 본질이 영적인 것이고 그것이 한시적으로만

물질에 관여하고 있는 게 사실이라면, 사물의 구조 배후에 있는 영적 존재(하나님)에 대해 알고 싶은 것은 당연한 일이다. 영적인 것을 언제나 공상적이고 비실재적인 것으로 여겼던 사람들이 이제는 아주 실재적이고 구체적인 물리적 세계가 실제로는 믿을 만하지 못하다는 사실을 조금씩 깨닫고 있다.

예전에는 물질적 생명이 아주 오랫동안 계속될 것이라고 간주하고 물질적 삶을 영위했다. 물질적 삶은 사람들과 영적 실재 사이에서 효과적인 완충장치 역할을 했는데, 그들도 한계 상황에 처하면 영적 실재가 있을지도 모른다고 생각했다.

그런데 이제는 그런 물질적인 것들이 전혀 의지할 만한 것이 아님이 입증되었다. 그들은 어느 순간에든 영적 세계로 밀려들어갈 수 있게 되었다. 그들을 고정해주었던 물리적인 것들이 떠내려가고, 닻이 필요하다고 느낀다면(그렇게 느끼지 않는 사람이 있을까?) 그것을 영적 세계에서 찾아야 한다. 달리 말하면 하나님을 찾아야 한다는 뜻이다.

주의할 점이 있다. 우리가 '영적인 것'(현재는 눈에 안 보이는 것)이라 부르는 것이 물질보다 덜 '탄탄하다'고 생각하면 안 된다. 오히려 영적인 것은 파괴될 수 없기 때문에 물질보다 더 탄탄하다고 할 수 있다. 이를테면, 사물을 보는 우리의 왜곡된 시각 때문에 한 사람의 근육이 그의 '영적' 자질보다 더 탄탄하게 보일 뿐이다. C. S. 루이스의 『천국과 지옥의 이혼』(홍성사, 2003)은 영적 세계가 물질적 세계보다 더 탄탄하다는 것을 독창적으로 잘 보여주는 작품이다.

그 밖의
실마리들

 사람에 따라 차이는 있겠지만 누구나 아름다움에 민감하다. 경험으로 볼 때, 겉으로는 아주 무감각한 사람들조차 특정 형태의 아름다움을 보면 감동을 받는다. 그리고 이 사실에 그들 자신도 놀란다.

 감동을 받는 경로 역시 사람에 따라 큰 차이가 있다. 사람들은 어린이의 천진난만한 모습에서, 포효하는 파도에서, 높은 산 정상의 눈부신 장엄함에서, 봄날에 지저귀는 새소리에서, 낙엽 타는 냄새에서, 가을날의 저녁 향취에서 제각기 감동을 느낀다.

시와 음악과 미술 분야의 진정한 작품들은 하나같이 아름다움과 사랑에 빠진 인간의 모습과, 자신의 메마른 삶을 아름다움으로 풍요롭게 하려는 인간의 절박한 노력을 잘 보여준다.

참된 아름다움은 언제나 슬픈 기색을 띠고 있는 듯하다. 때로는 무척 날카롭기까지 하다. 왜 그런지 의아하다. 아름다운 것이 바람직하고 그토록 달가운 것이라면 순전한 기쁨을 동반해야 하지 않을까? 사실 미(美)를 제외한 세상의 다른 즐거움에는 슬픔이 수반되는 경우가 드물다. 맛있는 음식을 먹을 때, 어려운 문제를 해결할 때, 창조적인 작업을 완수할 때에는 울적함이 없고 기쁨만 있다.

혹시 아름다움은 실재적이고 참되고 영원한 그 무엇을 암시하는 것은 아닐까? 그래서 우리는 의식적으로 생각하지 않고도 "이것이 바로 삶의 마땅한 모습"이라고 느끼는 것이 아닐까? 그렇기 때문에 우리가 그런 모습과 일상적으로 접하는 온갖 불완전하고 꼴사나운 모습을 비교하며 심한 고통을 느끼는 게 아닐까? 혹은 누군가 말했듯이 일종의 향수는 아닐까? 영국의 대문호, 윌리엄 워즈워스가 "영생불멸"이라고 불렀던 것 말이다. 그것은 질그릇 같은 육체에 갇힌 영원한 정신이 진정한 본향의 찬란한 기쁨을 기억하는 것일지도 모른다.

아무도 선뜻 대답할 수 없다. 그러나 아름다움이 아무리 왜곡되고 변질되었다 해도 그것이 보편적인 매력을 풍긴다는 사실은 가볍게 넘길 수 없다. 그것은 무언가를 가리킨다. 현재의 시공간적 한계를 초월하는 그 무엇을 가리키는 게 확실하다. 아름다움은 이 세상에서 결코 충족될 수 없는 갈증과 갈망을 불러일으킨다고 말할 수 있다.

실재를 가리키는 두 번째 실마리는 우리가 "선"(善)이라 부르는 것이다. 먼저 '선' 하면 떠오르는 잘못된 관념들, 가령, 스스로 의로운 체하는 것과 착한 척하는 것, 단순히 악이 없는 상태 등을 솎아내야 한다. 진정한 선에는 어쩔 수 없는 매력이 있다. 우리의 행실이 이상과 아무리 괴리가 있다고 해도 우리는 본능적으로 정직과 성실, 충실, 청렴, 친절, 정의, 타인에 대한 존경 같은 것들을 존중한다.

사실 나치 정권이 이런 가치들에 정면으로 도전하기 전에는 우리의 가치관이 얼마나 중요한지 미처 알지 못했다. 지금도 수많은 사람은 우리가 반역과 잔학, 거짓, 전통적인 도덕적 가치관의 거부 등을 '악한 것'으로 비난한다는 사실이 얼마나 중요한지를 모르는 실정이다. 만일 선을 좋아하는 감정이 궁극적인 실재(하나님)를 가리키는 실마리가 아니라면, 우리로서는 기껏해야 개인적으로 나치 철학을 싫어할 뿐이라고밖에 말할 수 없다. 만일 (무의식적으로) 이런 문제를 판단할 수 있는 도덕적 표준이 존재하지 않는다면, 그것은 단순한 의견 차이로 끝나고 말 것이다. 나치도 얼마든지 우리의 도덕적 가치관을 싫어한다고 말할 권리가 있다.

그러니 우리와 나치 중 어느 편이 옳은지를 누가 말할 수 있겠는가. 만일 "반역과 잔학행위와 야만성의 방법은 보편적인 인류의 양심을 거스르는 것이다"라고 대답한다면, 우리의 입장은 더욱 설득력을 지니게 된다. 그러면 어째서 이런 보편적인 도덕의식이 존재하게 되었는가? 왜 우리는 선을 악보다 낫다고 생각하는가? 보편적으로 인간의 마음속에 깊이 뿌리박은 선에 대한 인식이야말로 궁극적 실재를 가리키는 중요한 실마리가 된다.

아름다움과 선은 (서로 다른 방법으로) 사람에게 물질적인 세계관으로는 설명할 수 없는 영향을 미친다. 여기에다 인간의 진리에 대한 탐구를 덧붙여도 좋겠다. 확인된 사실들을 공평하게 수집하는 것이 인간의 고상한 활동 중 하나인 건

인정하지만, 인간은 사실을 알려고 할 뿐 아니라 수수께끼 같은 인생의 의미를 발견하려고 하기도 한다. 과학적 탐구나 철학, 종교 등은 제각기 다른 방법으로 더 많은 진리를 알고자 하는 인간의 노력을 보여준다.

왜 그런 것일까? 인간은 왜 이미 소유하고 있는 것과 알고 있는 것에 만족하지 못하는 것일까? 왜 인간은 아무런 염려 없이 죽음과 악과 질병을 그냥 수용하지 못하는 것일까? 모든 시대와 모든 지역에 걸쳐 왜 인간은 인생의 당혹스런 문제들을 해결하고 설명해줄 그 무언가를 찾으려고 애쓰는 것일까?

여기에도 분명 하나의 실마리가 있다. 이제 우리가 아는 것에서 모르는 것으로 논증을 하자면 이렇다. 음식이 배고픔에 대한 해결책이고, 물이 목마름에 대한 해결책이며, 이성(異性)이 성욕에 대한 해결책인 것처럼, 진리에 대한 인류 보편적인 갈망 역시 그 해결책이 있다고 추정할 수 있다.

정체가 분명한 하나님은 존재하는가?

진선미(眞善美)는 분명 실재를 가리키는 실마리들이긴 하지만 마치 영원에 초점이 맞춰진 카메라들과 같다. 그래서 그것들이 가리키는 실재(the Reality)가 얼마나 멀리 있는지, 얼마나 큰 것인지는 알 수 없다.

진선미가 무엇을 의미하는지는 모두 알고 있지만 그것들을 절대 가치로 가시화하는 일은 불가능하다. 우리는 아름다운 물건을 상상할 수는 있으나 아름다움 자체는 상상할 수 없다. 선한 사람은 머릿속에 떠올릴 수 있으나 선은 그럴 수 없다. 진정한 사실은 떠올릴 수 있으나 진리는 그럴 수 없다.

그러나 일단 머릿속에 어떤 아름다운 물건을 떠올리면 다른 아름다운 것들을 연상할 수 있다. 일단 선한 사람을 생각하면 그의 자질들을 더욱 확대하고 발전시켜서 결국 선의 개념을 어느 정도 알 수 있을 것이다. 만일 우리가 어떤 사실을 확신한다면(특히 우리 스스로 그것을 발견했다면), 그 사실을 기초로 해서 진실로 가득 찬 세계를 상상할 수 있다. 이로써 우리는 절대 진리의 속성을 머릿속에 그리기 시작한다.

따라서 미(美)는 그 정체가 어느 아름다운 것에 분명히 드러날 때에 볼 수 있다. 선(善)이란 것도 어느 선한 사람에게서 그 정체가 드러날 때 볼 수 있다. 진리도 우리가 확신하는 어느 사실 안에서 드러날 때 볼 수 있다. 철학자는 절대 가치를 정신 개념으로 정립할 수 있겠지만, 보통 사람은 그런 가치들이 사람이나 사물을 통해 드러날 때에만 파악할 수 있다.

이제 한 걸음 더 나아가자. 신비주의자는 절대적인 것에서 하나님을 어느 정도 인식할 수 있다고 주장한다. 그러나 신비주의자는 철학자보다 더 특이한 인물이다. 평범한 사람이 하나님을 상상하려고 하다가는 현대인이 불평하는 것처럼 그저 '막연하고 어렴풋한 존재'만 떠오를 뿐이다. 그런데 만일 어떤 사람이 정체가 분명한 하나님을 볼 수 있다면, 그래서 진정한 축소형 하나님을 보고 있다고 확신할 수만 있다면, 그는 (진선미의 경우에서와 같이) 무한한 존재가 지녔다고 생각했던 여러 속성(위엄과 장엄함과 질서 등)을 깨달을 수 있을 것이다. 그리고 이에 비추어 하나님을 보게 될 것이다.

그런데 과연 그런 식으로 '정체가 분명한' 하나님을 볼 수 있을까? 포착하기 어려운 순간적인 신성의 불꽃만으로는 불가능하다. 그 대신 신성의 불길이 계속 타올라서 사람이 그 빛을 충분히 조사하고 적절히 평가할 수 있어야 한다.

영원한 존재가 사람들에게 자신의 성품을 보여주고 자신의 생각을 표출하고 자신의 목적을 드러내고 싶다면, 어떻게 인류 역사를 혼란에 빠뜨리지 않고 그 흐름 속에 스스로를 나타낼 수 있을까? 먼저 지구상의 생명에 맞춰지려면 하나님의 '크심'이 믿을 수 없을 정도로 축소되어야 한다. 또한 현세의 삶을 둘러싼 시간과 공간의 한계를 완전히 받아들여야 한다. 이런 일은 사람의 유익을 위해 흉내만 내는 게 아니라 제대로 수행되어야 한다.

그것을 제대로 수행하려면 하나님은 인간이 되지 않으면 안 된다. 초자연적인 특권을 누리는 반쯤 신적인 피조물은 진정한 하나님을 집약적으로 보여줄 수 없다. 또한 비록 많은 사람이 영감을 받아서 진리를 말하고 아름다움을 창조하고 선을 행해온 것은 사실이지만, 하나님은 특출한 영감을 받은 인간에게 의존하여 그분의 정체를 드러낼 수도 없다. 그러므로 하나님은 스스로 완전히 의존할 만한 존재가 되고 보편적인 호소력을 지닌 진정한 인격이 되는 등 모든 진리의 화신(化身)이 되어야 한다.

이렇게 생각해보자. 하나님이 역사의 흐름 속에 들어와서 A라는 아기로 태어났다고 말이다. 시간과 장소와 환경이 허락하는 한, A는 사람이 이해할 수 있는 방식으로 언어를 사용하고 생각을 표현하고 삶을 보여주는 등 인간의 몸을 입은 하나님으로 성장할 것이다. 자기가 인간으로 온 하나님이란 A의 주장을 일단 받아들인 사람들은 다음과 같은 상당한 유익을 얻게 될 것이다.

첫째, 그들은 이제 영원한 하나님이 어떤 성품을 지니고 계신지 확실히 알 것이다. A는 그들에게 자기를 보는 사람은 하나님을 보고 있는 것이라고 말하기 때문이다.

둘째, 사람과 하나님에 관한 진실들, 고통과 죄와 죽음 같은 영구적인 염려거리들, 내세에 대한 어렴풋한 희망 등 여러 절박한 문제들이 해결되지는 못할지언정 정리될 수 있는 참조점이 생겼다.

셋째, 인간은 인생의 의미가 무엇인지, 또 어떻게 해야 시공간 배후에 있는 하나님의 계획과 능력에 협력할 수 있는지 직접 정보를 입수할 수 있게 되었다.

넷째, 그들 앞에 있는 분이 정말로 인간이 된 하나님임을 확신한다면, 인류 역사상 실로 유일무이한 그 무엇을 목격하는 것이다. 이는 하나님이 자기 피조물에게 부과한 그 조건 아래서 스스로 삶을 영위하는 모습을 말한다. 그들은 저 높은 보좌에 앉은 하나님이 아니라 이 낮은 삶의 전쟁터에 계신 하나님을 보게 되는 것이다.

A가 실제로 시공간의 세계로 들어와서 인간이 되려면 당연히 어느 특정 시간에 진입하여 특정 장소에 살아야 한다. 부수적이고 외형적인 면에서는 어느 정도 틀에 갇히고 조정되고 제한될 수밖에 없을 것이다. 그러므로 A는 하나님

을 100퍼센트 표현할 수는 없다. 그럴 만한 시간도 없고 공간도 없기 때문이다. 그러나 스스로 설정한 한계 내에서는 하나님의 본성을 충분히 나타낼 것이다.

A는 하나님을 알리는 정보이자 모범일 뿐 아니라 하나님을 더 많이 보여주는 창문의 역할도 할 것이다. 일단 사람들이 A의 기상천외한 주장을 사실로 확신한다면, A 모양의 창문을 통해 하나님을 볼 수 있다고 생각할 것이다. 세월이 흐르면서 지식과 경험과 이해력이 나날이 발달하겠지만, 그렇다고 해서 하나님이 필요 없을 만큼 인간이 성장한다는 뜻은 아니다. 왜냐하면 A는 시공간 안에서 확실한 실체, 즉 진선미를 비롯한 진정한 가치들의 의미가 명백해지는 존재인 하나님을 보여주기 때문이다.

하나님의 정체가
드러난다면 I

만일 A가 이 세상의 삶으로 들어온다면, 그리고 삶의 규칙들이 일시적으로 중단되지 않는다면, 어쩔 수 없이 일어날 현상들이 있을 것이다.

먼저, 사람들이 적어도 한동안은 A를 하나님으로 인식할 수 없을 것이다. 그들은 다음 두 가지 기준으로 하나님의 모습을 판단할 가능성이 높다. 첫째, 하나님은 언제나 신비한 특징을 지닌 모습으로 나타날 것이다. 그래서 사람들은 두려움을 느끼거나 신적인 기운을 보거나 초자연적 능력을 목격할 것으로 생각한다. 달리 말하면, 사람들은 하나님이 정말로 인간이 될 것으로 기대하지 않는다는 뜻이다. 단지 인간인 체하는 것만 기대할 뿐이다.

하지만 이 둘은 결코 같지 않다. 인간인 체 하는 하나님은 도덕적, 정신적, 영적, 물리적 영역에서 온갖 초자연적인 위업을 달성할 수 있을 것이다. 이런 위업을 보고 사람들이 감명을 받을지는 몰라도 하나님을 더 잘 이해하거나 더 깊이 알게 되지는 않을 것이다. 감탄은 할지언정 영적 깨달음을 얻지는 못할 것이다.

둘째, 만일 첫 번째 일이 일어나지 않는다면, 사람들은 초(超)신비적 유형의 성자, 즉 말로 표현할 수 없을 정도로 지혜롭고 시선은 늘 하늘로 향한 나머지 이 세상의 것은 제대로 모르는 그런 인물을 기대할 것이다. 만일 A가 매우 건전하고 분별력 있고 세상에 잘 적응하는 인물로 드러난다면, 자신이 하나님이란 그의 주장(누군가 이 진실을 포착하지 못하면 그가 당연히 펴야 할)은 터무니없고 신성모독적인 것으로 간주될 것이다.

만일 A가 아주 고상한 하나님 관념을 품은 사람들, 즉 하나님이 죄 많은 인간의 옷을 입는 것은 신적 품위를 전락시키는 일인즉 도무지 생각할 수 없다고 보는 사람들 사이에 그 모습을 드러낸다면, A의 과업은 한없이 힘들어질 것이다. 반면에 사람의 본성 속에 하나님을 암시하는 면이 있다고 생각해온 사람들 사이에 A가 나타난다면, 적어도 몇몇 사람은 실제로 일어나는 현상을 제대로 볼 수 있을 것이다. A의 정체를 거의 알아채지 못할 사람들은 바로 하나님 관념을 고양시키기 위해 인간을 평가절하하거나 심지어 경멸하는 부류이다.

A에게는 균형 잡힌 건전한 인격 이외에도 몇 가지 특징이 더 있을 것이다. 이를테면, A가 인생과 인간과 하나님에 관한 기본 사실들을 말할 때는 그것이 마치 전문분야에 대해 말하는 전문가의 경우처럼 권위 있는 소리로 들릴 것이다. A의 가르침을 듣는 이들은 이제껏 경험했던 단편적인 통찰들이 모두 그 속에 논리적으로 종합된 것을 알고 뜨거운 흥분마저 느낄 것이다. 그들 중 일부는 이렇게 말할지도 모른다. "이 사람의 말은 진리이다. 이것이 진정한 실상이다. 이것이 우리가 항상 기대했던 하나님의 모습이고, 우리가 언제나 생각했던 인생의 바람직한 모양이다." 이 세상이 완전히 미친 곳이나 절망적으로 사악한 곳이 아니라면, A의 말은 평범한 사람들의 심금을 울릴 것이 틀림없다.

A의 주장을 입증하는 것은 물론 그의 말만은 아닐 것이다. 그가 초자연적 특권을 누릴 수 없다면, 당연히 어려움과 유혹, 시련과 실망을 경험할 터이고, 이에 대한 그의 반응과 삶의 이모저모는 사람들에게 깊은 인상을 심어줄 것이다. 그는 그의 인격적 존재를 계시할 것이다. 그의 친구들과 목격자들이 깨닫든 깨닫지 못하든, 그는 그들에게 인간의 일상적인 환경에서 일하시는 보이지 않는 하나님의 성품을 보여줄 뿐만 아니라 완벽한 인간성의 본보기도 보여줄 것이다. 실제로 그에게 발생하는 일은 당연히 하나님이 언제, 어디에서 역사 속으로 들어오기로 결정하느냐에 달려있을 것이다.

하지만 어떤 의미에서 그에게 발생하는 일은 언제나 동일하다고 할 수 있다. 인간의 몸으로 표출된 그 인격체는 항상 동일하고, 그 본보기 역시 언제나 동일한 패턴을 따를 것이기 때문이다. 이 점이 중요한 이유는, 만일 A에 관한 정확한 기록이 존재한다면, 그 사건이 보편적인 가치를 잘 보여주기 때문이다. 따라서 이 성육신 사건은 계속 반복될 필요가 없는 것이다.

세상을 있는 그대로 보면, A의 가르침을 진리로 기꺼이 받아들이는 것과는 다른 반응도 있을 것이다. 실제로 사람들이 언제나 '자기 눈에 비치는 가장 고상한 것을 사랑하는' 것은 아니다. 진리가 항상 환영받는 손님은 아니기 때문이다. 그러므로 A에게는 상당한 핍박과 오해가 있을 것이다. A가 이 땅을 찾아온다면 분명히 다음과 같은 일들이 발생할 것이다.

1. 현재의 도덕적 가치관에 도전하고 심지어는 관습적인 판단을 완전히 뒤집는다. 돈과 지위에 대한 집착과 성공하려는 욕망, 불쾌한 것을 일체 보지 않으려는 욕구 등은 세상의 판단력을 왜곡하고 말았다. 그래서 A의 가치관은 아마도 이상적이긴 하지만 전혀 비현실적인 것으로 치부될 것이다. 그리고 사람들은 A의 가치관을 상당히 불편하게 느낄 것이다.

2. 눈에 보이는 행위 속에 숨은 내면적 동기를 꿰뚫어본다. A는 전통적인 관점이 아니라 진실에 입각해서 삶을 바라보기 때문에 평소에 감춰진 것을 통찰하는 능력이 있어서 사람들을 당혹스럽게 만들 것이다. 따라서 친구는 물론이고

적도 생길 것이다.

3. 진정한 가치관을 주장하고 특히 올바른 사랑을 강조한다.
A는 많은 사람의 판단을 흐리게 하는 세상적인 매력과 잔꾀를 간파하고 진짜 문제의 정곡을 찌를 것이다. 그 문제는 골고루 돌아가야 할 사랑이 충분하지 않다는 것이다. 대부분의 사랑은 이기적이거나 선택된 소수에게만 국한된다.

그래서 A는 인생과 현실과 하나님을 생각할 때, 그리고 그들 자신의 안전을 위해서라도 사랑과 이해의 폭을 넓혀야 한다고 지적할 것이다. 아울러 동료 인간에 대한 사랑이 없이는 하나님에 대한 사랑도 있을 수 없다고 역설할 것이다.

4. 진리를 추구하는 인간의 노력을 긍정적으로 본다. 예컨대, 참된 사랑과 자기희생은 언제나 가장 감동적인 인간의 특징으로 간주되어 왔다. A는 이웃을 참으로 사랑하고 자기희생을 감수하는 이들은 어느 누구보다도 하나님의 성품을 잘 반영하기 때문에 감동을 준다는 점을 보여줄 것이다.

5. A는 또한 자연의 아름다움과 어린이의 사랑스런 모습, 가정의 단란한 분위기를 소중하게 여기는 우리의 태도를 지지할 것이다. 그의 이상은 분명 우리의 높은 이상보다 더 고상하겠지만, 우리가 도무지 받아들일 수 없을 정도로 터무니없거나 전혀 딴판은 아닐 것이다. 정직한 사람은 A가 가르치는 진리에 이렇게 반응할 것이다. "맞아, 이게 진리야. 이게 내가 마음속 깊이 늘 진리라고 생각했던 바로 그거야."

6. A는 과거의 일부 종교 개혁자들처럼 돌아다니면서 인간을 형편없는 죄인이라고 비난하지는 않을 것이다. 사실 그럴 필요가 없을 것이다. 불성실한 사람은 성실한 사람 앞에서, 거짓은 진실 앞에서, 이기심은 사랑 앞에서 언제나 불편하기 마련이다. 그런즉 도덕적으로 완벽한 사람 앞에서 많은 사람이 스스로 영적 불편함을 때로는 은근히, 때로는 심하게 느낄 것이다. 어떤 사람은 자기도 온전한 인격이 되고 싶다는 강한 갈망을 느낄 것이고, 또 어떤 사람은 심한 분노와 불쾌감을 느낀 나머지 그에게서 아예 멀어지거나 그를 제거하려고 할 것이다.

7. A는 전통적인 종교인과 갈등이 있을 것이다. A는 그 어느 곳보다 종교 영역에서 어려움에 처할 가능성이 많다. A는 거짓 신들, 독선적인 태도, '복수하는' 종교, 특히 종교적인 삶과 일상생활을 분리하는 자들, 그리고 현재 인간다운 삶을 살지 않고 '종교적인 역할'만 수행하는 사람들을 정면으로 반대할 것이기 때문이다.

8. A는 물질이나 자기 자신이 아닌 그에게 귀를 기울이는 사람, 참 하나님을 중심으로 삶을 재정비하려는 사람들을 부를 것이다. 세상적인 사고방식을 지닌 사람들은 A가 지금 그들을 "형편없는 죄인"이라 부르며 회개를 촉구하고 있다고 결론지을 것이다. 사실 A는 그들에게 하나님을 중심으로 "예전과는 다르게 인생을 보라"고 간청할 것이다. 그렇게 하면 다른 모든 것이 그분에게서 나온다고 역설할 것이다.

하나님의 정체가
드러난다면 II

이 모든 일과 그 밖의 많은 일이 A에게 일어날 것이고, (우리의 전제처럼) A가 정말로 인간이라면 A는 가슴이 찢어질 것이다. 왜냐하면 그는 진리를 볼 수 있는 입장이지만 다른 사람들도 그것을 보게 만들 수는 없기 때문이다. 오히려 사람들이 영적으로 눈이 멀어 하나님에게서 점점 멀어지는 장면을 목격하게 될 것이다. 이런 장면을 보면 예민한 사람도 큰 고뇌를 느끼는데, 하물며 '사람이 된 하나님'이 어떻게 느낄지는 상상하기 힘들다.

우리는 이제 A가 100퍼센트 인간이라고 상상해도 좋다.

그는 신비로운 분위기에 둘러싸여 공중에 떠다니는 존재가 아니라 두 발을 땅에 딛고 사는 인간이다. 그의 견실한 인생관, 아름다움과 선한 것을 기뻐하는 모습, 남녀에 대한 순전한 사랑 등은 그의 새로운 관점과 표준과 가치관만큼이나 사람들에게 충격을 줄 것이다. 만일 인간의 결점은 전혀 없는 완벽한 성자 같은 사람이 나타나서 스스로 하나님이라 주장한다면 사람들은 그의 의견을 순순히 받아들일 것이다.

그러나 인간의 속성을 모두 지니고 있으면서 인생의 숨은 의미를 정통한 인물이 스스로 하나님이라고 주장한다면 그것은 매우 충격적일 것이다. 인간의 가면을 꿰뚫어보는 눈, 잊지 못할 문장으로 진리를 말하는 입, 두려움을 모르되 고결한 사랑으로 충만한 인격 등, 이 모든 특징은 아주 훌륭한 사람이라도 충격으로 받아들일 만큼 어려운 것들이다.

세상은 종종 진실한 선지자들의 입을 막거나 그들을 죽이려고 공모한다. 그래서 선지자와 개혁자들은 고난의 길을 걸었으며 목숨을 잃는 경우도 적지 않았다. A도 그런 운명에 처하지 말라는 법은 없다. 물론 그 자신이 하늘의 개입을 받아들이지 않기로 결정한 것을 전제로 했을 때 말이다.

사실 A가 참된 진선미와 참된 하나님의 화신이라는 이유로, 진리를 미워하고 자기사랑에 빠진 모든 영적 세력이 이 달갑잖은 침입자에게 대적할 것은 당연한 일이다. A에 대한 오해와 비방, 오랜 관습과 권위의 중압감, 거짓된 선전 등이 무기로 이용될 것이다. A는 당연히 자신의 뜻을 돌이키거나 타협하지 않을 것이며, 이 때문에 악한 세력의 총공격을 받고 엄청난 고통을 당할 것이다. A는 감옥에 갇힐 가능성이 있고, 심지어 터무니없는 혐의로 사형선고를 받을지도 모른다.

이런 일이 발생한다면, 그것은 인류역사상 전무후무한 아이러니한 사건이 될 것이다! 하나님이 계획을 세워서 친히 세상에 오셨는데 세상은 그분을 제거하려 한다니, 이보다 더한 아이러니가 어디 있겠는가.

지금까지 사람들의 반응 중 한 면만 기술했다. 다른 한편에는 A의 의도를 간파하고 그의 인격과 삶에 깊은 감명을 받는 사람도 많을 것이다. 그리고 자기가 하나님이라는 A의 주장이 사실일지도 모른다고 깨닫는 이들도 적지 않을 것이다.

A가 진리의 선생으로 활동하는 기간이 길든 짧든 그의 가르침과 행위는 사람들의 기억에 남거나 글로 기록될 것이며, 설사 A가 수용소에 감금되거나 억울한 누명을 쓰고 사형을 당할지라도 그의 진리는 영원히 남을 것이다. 아마도 A와 함께 생활하고 일하고 대화를 나누었던 소수는 그 인물이 얼마나 귀한 존재인지를 깨닫고 또 그의 가르침이 인류에 얼마나 소중한지를 파악한 끝에 그 사실을 세상에 알리려고 애쓸 것이다.

그런데 안타깝게도, 하나님이 충분히 납득할 만한 모양으로 그들 앞에 나타나더라도 세상은 그 하나님을 영접하지 않을 것이고, 소수만 제외하고 대부분은 그 죽은 인물의 제자들이 펼치는 주장을 진지하게 받아들이지 않을 것이다.

A라는 인물은 과연
이 땅에 왔는가?

세계 전역에 사는 상당히 많은 사람은 이 가설 속의 A가 인류역사에 그 모습을 드러냈다고 결론내렸다. A는 다름 아니라 약 20세기 전에 팔레스타인 땅에 태어난 예수라는 인물이다. 만일 하나님이 이 세상에 오신다면 일어날 것으로 예상했던 일들이 실제로 예수님의 삶과 가르침으로 실현되었다고 그리스도인들은 확신한다. 아울러 우리가 거의 추측할 수 없었던 놀라운 일들도 일어났는데, 이에 대해서는 나중에 다룰 예정이다.

이 유명한 역사적 인물이 바로 하나님의 계획에 따른 신적 존재임을 받아들이는 일은 (정서적으로나 도덕적으로도 그렇고) 지적으로 큰 발걸음을 내딛는 것이다. 이런 믿음은 설사 그 인물을 둘러싼 온갖 감상적인 상념과 미신적인 숭배, 또는 전통적인 관념에 집착하더라도 쉽게 생기지 않는다.

특히 예수님에 관한 기록이 다른 어떤 역사적 문서보다 더 꼼꼼하게 검토되긴 했지만 양적으로 빈약하다는 사실을 감안하면, 정직한 현대인이 지금의 자신과 별로 상관없는 역사적 축적물을 꿰뚫고 그 인물을 직시하는 일은 결코 쉽지 않다.

더군다나 예수님에 대해 막연하고 유치한 사랑을 품고 있는 다수의 사람들은 이 문제를 이성적이고 비판적으로 사고하지 못한다. 그들은 자기가 하나님이라는 예수님의 주장이 얼마나 중요한지 미처 깨닫지 못하는 듯하다. 그러나 한순간이라도 그 주장이 사실이라고 상상해보면 입이 딱 벌어지고 현기증이 날 것이다. 바로 여기에 유일무이한 진리가 있고, 여기에 하나님의 성품과 인생의 참된 목적, 진정한 가치의 척도, 진선미에 대한 생각을 판단하는 잣대, 현세와 내세에 관한 정확한 정보가 있다. 인생의 의미를 아는 열쇠가 우리 손 안에 있다면, 인생은 결코 깜깜하거나 무의미할 수 없다.

우리가 입수할 수 있는 모든 기록을 정직하게 연구하는 일은 필수적이다. 하지만 예수님이 정말로 인간의 몸을 입은 하나님이었다고 결론내리는 일은 단지 지적인 문제만은 아니다. 우리는 그런 유일무이한 사실을 받아들이면 삶의 모든 영역이 영향을 받을 수밖에 없다는 것을 무의식적으로(의식적으로는 그렇지 않더라도) 느낀다. 한 종교에 대해서는 초연한 자세로 연구하고 어떤 판단을 내릴 수 있을지 몰라도, 탐구의 주제가 하나님이라면 도무지 그럴 수 없다.

그래서 평소에 정직한 지식인들이라도 자신이 하나님이라는 예수님의 주장은 그대로 직면하지 않고 우회하려고 한다. 통찰력과 상상력을 겸비한 그들은 일단 그런 주장을 사실로 받아들이면 원치 않아도 그들 자신의 목적과 가치관과 정서를 재조정해야 한다는 점을 너무도 잘 알고 있다. 예수님을 그저 역사상 가장 위대한 인물이나 가장 훌륭한 도덕 선생으로 부르는 일은 아무런 부담도 따르지 않는다.

반면에 예수님이 정말로 하나님이라고 인정하게 되면 그 어떤 헌신도 감수해야 한다. 어둠 속에서는 헤매더라도 변명의 여지가 있지만, 밝은 곳에서는 실상을 놓칠 수 없는 법이다. 예수 그리스도가 정말로 하나님이라는 것을 믿기 어려워하는 이유는 그 증거가 너무 오래되었고 부족하기 때문이 아니라 그 믿음에 따른 부담감을 강하게 느끼기 때문이다.

그렇다고 해서 우리 자신이 그처럼 믿고 싶지 않은 마음에 의해서만 좌우되는 것은 아니다. 우리는 진리를 알고픈 갈망을 충족하기 원하고, 인생의 의미를 알기 원하며, 인생의 영적 토대를 세우고 싶어 한다. 요컨대, 우리는 하나님을 알고 싶어 한다. 예수 그리스도는 그분의 주장과 계시가 참이란 것을 알 수 있게 해주는 세 가지 놀라운 지표를 주었다. 이는 과학 '증거'가 아니라 내적 확신으로 알 수 있는 것이다. 이 셋은 요한복음에 나오는 그분의 말씀에 담겨 있다.

"사람이 하나님의 뜻을 행하려 하면 이 교훈이 하나님께로부터 왔는지 내가 스스로 말함인지 알리라"(요 7:17).

"나를 본 자는 아버지를 보았거늘"(요 14:9).

"내가 곧 길이요 진리요 생명이니 나로 말미암지 않고는 아버지께로 올 자가 없느니라"(요 14:6).

이 세 가지 말씀, 특히 두 번째와 세 번째 말씀은 한갓 인간에 불과한 도덕 선생의 입에서 나온다면 오만하기 짝이 없는 말이다. 하지만 만일 예수 그리스도가 정말로 하나님이라면 반드시 해야 할 말씀이다. 거기에 담긴 중요한 의미를 생각해보자.

1. 사람이 하나님의 뜻에 순종할 생각이 없다면, 즉 하나님의 목적에 협력할 의향이 없다면, 예수님이 주장하시는 삶의 방식이 진리라는 것을 마음으로 수긍할 수 없을 것이다. 따라서 탁상공론식으로 기독교를 비판하거나 피상적으로 기독교의 장점을 들먹이는 것을 배제한다. "기꺼이 행하기 전에는 도저히 알 수 없다"는 것이 그리스도의 말씀이다.

사복음서에 따르면, 그리스도는 자기사랑과 이기심, 자기본위의 정신을 진정한 삶과 정면으로 대립하는 것으로 보았다. 예수님이 말씀한 두 가지 삶의 원칙은 '사랑의 에너지'가 자기 자신이 아니라 먼저는 하나님께, 다음은 이웃에게 향해야 한다는 것이다. "누구든지 나를 따라오려거든 자기를 부인하고(자기를 사랑하는 성향을 부인하고) 자기 십자가를 지고(그 부인에 따른 값비싼 대가를 치르고) 나를 따를 것이니라(내가 가르치고 보여주는 원칙들에 따라 적극적으로 살아라)"(막 8:34).

사람이 한시적으로 또 잠정적으로나마 이 말씀대로 행할 때에는 그 자신이 예전에 미처 몰랐던 더 실재적인 그 무엇과 접촉하고 있음을 알게 될 것이다. 또 삶을 관통하여 흐르는 깊고도 강력한 물결을 만지고 있다는 느낌이 들 것이다. 달리 말하면, 그가 참으로 사랑하기 시작하면 하나님의 생명과 접촉하고 있음을 발견할 것이다. (하나님이 곧 사랑이라면 당연히 그렇게 될 것이다.)

그는 이제야말로 진정한 삶, 행복한 삶, 건설적인 삶을 누리게 되었다는 것을 추호의 의심도 없이 알게 된다. 그는 이제 그리스도의 가르침이 단순한 인간적인 행동지침이 아니라 실재의 일부임을 알게 된다. 그는 일부러 이런 삶의 방식을 추구할 수도 있고, 우연히 그 방식을 접할 수도 있으며, 때로는 부득불 그렇게 살지 않으면 안 되는 상황에 놓일 것이다.

예컨대, 이기적인 남편이 병든 아내를 돌보기 위해 어쩔 수 없이 이기적인 생활방식에서 벗어나야 하는 경우가 있다. 물론 그가 예전의 방식으로 되돌아갈 가능성도 있다. 그러나 그가 하나님의 목적에 접근하면 할수록 그런 방식의 삶이 진정한 삶이라는 것을 알게 된다. 이것은 물론 초연한 비판가들을 당황스럽게 하고 심지어 분노에 떨게 할지 모르지만, 아무도 그 타당성을 부인할 수 없는 실제적이고 보편적인 테스트이다.

2. 그리스도는 자신이 하나님의 성품을 정확하고 진실하게 나타낸다고 확실하게 주장한다. 우리가 앞에서 살펴보았듯이, A는 하나님의 전부를 보여줄 수는 없지만, 우리가 이해하고 동경하고 사랑하고 존경할 만한(심지어 두려워하고 미워할 만한) 그분의 성품을 보여줄 수는 있다.

이 주장을 받아들이는 사람들은 예수님을 하나님의 광대함과 장엄함을 보여주는 창문과 같은 인물로 여긴다. 그 어떤 과학적 발견이나 복잡한 현대 사상의 신(神) 관념도 예수님을 통해 계시된 하나님을 능가할 수는 없다. 나사렛 예수는 시간과 공간과 환경의 제약을 받는 인물이었던 만큼 영원한 하나님이 예수님보다 '더 크지' 않다고 생각하는 것은 잘못이다. 그러나 우리가 상상할 수 있는 가장 크고 넓고 높은 하나님 관념은 예수님이 계시하신 그 하나님과 결코 모순되지 않는다.

다시 말하건대, 이를 입증할 만한 과학적 증거는 없다. 하지만 예수님의 주장을 배척하는 이들은 모호한 '궁극적 가치들의 하나님'을 만들어서 애써 변호해야 하는데 비해, 그 주장을 수용하는 이들은 놀랍게도 하나님이 실존하고 '알 수 있는' 분임을 손쉽게 발견한다.

3. 예수 그리스도가 진정 하나님이라면 자기가 곧 길이요 진리요 생명이라고 말하지 않을 수 없다. 예수님은 아무도 자기를 통하지 않고는 하나님과 접촉할 수 없다는 것을 엄연한 사실로 덧붙이고 있다. 이것이 세 번째 경험적 테스트이다. 사람들이 그리스도를 통하지 않고도 하나님을 알 수 있는가? 어떤 사람은 자기의 위치를 모르는 상태에서 그리스도의 삶의 방식과 마주치고 심지어는 그리스도의 영과 마주치기도 한다. 그러나 그리스도의 주장을 황당하게 여기거나 무시하는 사람들은 하나님을 알지 못하는 것이 분명하다. 반면에 신학이나 철학을 모르는 단순한 사람들

도 자기가 신뢰하고 사랑할 수 있는 하나님을 믿게 될 때에는 하나님을 알고 있다고 할 수 있다.

지식인이 단순한 믿음을 비웃는 것을 보면 그것이 시기심에서 비롯되는 경우가 종종 있다. 인격적 결단을 회피하면서 초연한 입장을 견지하는 지식인은 그 마음 속 깊이 자기가 하나님을 모른다는 것을 알고 있다. 그에게 풍부한 지식이 있을지는 몰라도 하나님과는 굉장히 멀리 떨어져 있다. 그러나 그리스도의 주장을 받아들인 사람은 살아계신 하나님을 발견하게 되고, 지식인의 유식한 논리와 비웃음에 흥미를 느끼지 않을 것이다.

그러므로 신중하게 생각해본 뒤에 그리스도의 주장을 받아들이는 것은 결코 무모한 결단이 아니다. 수많은 사람이 입증했듯이, 그런 결단은 엄청난 논증에 못지않은 내적 확신을 수반하기 때문이다.

인생의
기본 원리 I

복음서의 기록 가운데 우리가 개인적으로 싫어하는 부분을 생략하지 않고 다 포함하더라도, 예수 그리스도가 계시한 하나님의 성품과 진리를 정확하게 요약하기란 결코 쉽지 않다. 오늘날 사람들은 그리스도에 대해 나름의 선입견을 품고 있다. 우리는 이런 선입견에 입각해서 그분의 행위와 말씀을 해석하지 않도록 주의해야 한다.

사람들이 그리스도의 메시지를 상당 부분 순화하고 각색하고 교묘하게 설명했기 때문에 그 날카로운 부분이 무척 무뎌졌다. 흠정역(KJV)의 탁월한 문학성에 대한 우리의 존경도 방해거리가 될 뿐이다. 우리는 엄연한 사실로 간주해야 할 진리를 그저 '훌륭한 사상'으로 여긴다. 성경을 믿을 만하고 실행 가능한 사실이라 삶의 토대로 손색이 없다고 보기보다는 기껏해야 '종교적 진리'일 뿐이라고 생각한다. 그리하여 심리학적 연구나 의학이 밝힌 '사실'을 그리스도의 말씀보다 더 '확실한 진리'로 받아들인다. 그러나 그리스도가 진정 하나님이라면 그와 반대로 되어야 마땅하다.

그러므로 예수 그리스도의 기본 원리를 조금은 낯선 형태로 다시 진술하는 게 필요하겠다.

예수 그리스도가 가르친 진리는 인생을 사는 올바른 길이다. 그것은 일차적으로 하나의 종교가 아니라, 사람이 이해할 수 있는 말로 본래 인생을 어떻게 살아야 하는지를 설명해주는 하나님의 말씀이다. 물론 하나님이 존재하시고, 인생은 그분의 아이디어이며, 종교는 사람을 하나님과 연결하는 것인 만큼, 이 문제에 종교적 색채가 있는 것은 당연하다. 그러나 그리스도가 삶 전체에 필요한 지침을 주신다는 것, 그리고 삶의 특정 부문만 떼어 그것을 "종교"라고 부르지 않는다는 것을 보지 못하면, 고질적인 오류에 빠질 것이다.

스스로 하나님이라는 그리스도의 주장을 받아들인다면, 그분이 하나님의 권위에 근거하여 설파한 몇 가지 기본 사실을 듣게 된다. 그리하여 우리는 "인생"이라 불리는 하나님의 프로젝트를 잘 이해하고 그 계획에 기꺼이 협력할 수 있게 된다. 이제 우리가 꼭 알아야 할 내용을 질문의 형태로 표현해보겠다.

1. 하나님은 어떤 분인가?

이에 대한 그리스도의 대답은 아주 분명하다. 하나님은 아버지이다. 우리는 이 진리에 무척 익숙한 나머지 우리의 아버지 개념에 비추어 하나님의 성품을 이해하려는 경향이 많다. 이는 이해할 만하지만 사실은 정반대로 생각해야 한다. 만일 하나님이 본성과 성품, 활동 면에서 아버지라면, 우리 부모의 특징이 그분에게서 나오는 것이다. 우리는 미시적 규모로 그리고 오류가 많은 방식으로 하나님의 성품을 어느 정도 재생산하고 있는 셈이다.

이 놀라운 우주의 배후에 있는 전능자가 그리스도께서 "아버지"라고 부르는 분임을 일단 받아들이면, 우리의 삶 전체가 변형될 것이다. 인간관계 속에서 하나님의 본성이

(단편적이고 불완전하게나마) 반영되는 것을 목도한다면, 즉시 모든 인생에 빛이 넘쳐흐르는 것을 보게 될 것이다. 곧 사람들과 우리의 인간관계는 굉장히 중요해진다. 삶의 많은 부분이 단지 배경과 무대와 소품에 불과하고 정말 중요한 것은 등장인물임을 깨닫게 된다. 중요한 것은 사물이 아니라 사람이라는 뜻이다.

따라서 기독교를 삶에서 분리하는 것은 불가능하다. 그리스도는 당시에 종교를 일상생활에서 분리하려 했던 사람들을 가리켜 "연기자들"(위선자들)이라고 불렀다. 그들은 배역을 맡아서 연기한 것이지 실제로 그렇게 살지는 않았다는 말이다.

2. 인생의 목적은 무엇인가?

이 질문에 그리스도는 오늘날에 흔한 "아니, 인생에 무슨 살 만한 가치가 있어?"라는 식의 냉소적인 대답을 주지 않았다. 오히려 자기가 받은 생명력과 사랑과 재능으로 무엇을 할지 알고 싶은 사람들에게 응답하셨다. 아울러 현재의 인생은 일시적이고 불완전하다는 것을 직관적으로 알고 영원한 생명의 흐름 속에 편입되는 법을 알고 싶어 하는 사람들에게도 응답하셨다.

이런 질문들은 대동소이하다. 양자 모두 어떻게 하면 인생의 참 목적에 걸맞게 살 수 있는지를 알기 원했던 경우이다. 오늘날에도 사람들이 동일한 질문을 던지고 있다. 그분의 대답인즉, 모든 참된 도덕과 지혜의 기초가 되는 두 가지 삶의 원리가 있다. 첫째는 전인격적으로 하나님을 사랑하는 것이고, 둘째는 자연스레 자신을 사랑하는 것처럼 인간들을 사랑하는 것이다. 이 두 가지 원리를 충실히 따른다면 시간을 초월하는 인생의 목적과 조화를 이루게 될 것이라고 그리스도께서 말씀하셨다.

이 두 가지 원리 중 하나는 보이지 않는 불변의 하나님과 관계있고, 다른 하나는 눈에 보이는 가변적인 인간과 관련 있다. 사실 이 두 가지 원리는 인간이 살면서 맺는 모든 관계를 망라하는 셈이다. 그리스도는 이 양자를 아주 실제적으로 만들었고 불가분의 관계로 묶으셨다. 하나님을 향한 사랑은 형식적인 경건이나 신비적인 묵상으로 표현되는 게 아니라, 하나님의 뜻에 순종함으로 표출되는 것이며, 이는 곧 다른 사람을 돕고 섬기는 것을 의미할 때가 많다.

사람은 하나님께 전적으로 순종하지 않고는 그분과 친

구가 될 수 없고, 그 순종에는 이웃과 친구가 되는 것이 포함된다. 그래서 그리스도께서는 사람이 이웃과 불화하면서 하나님과 화목하게 되는 것은 불가능하다고 강조하셨다. 사람들은 이 불편한 사실을 종종 묵살하지만, 그리스도께서 그렇게 말씀하신 것은 엄연한 사실이고, 이 진리는 우리가 잘 아는 주기도문에 나오는 용서를 구하는 부분에 잘 나타나 있다.

이런 면에서 인생의 목적은 사람들이 이 두 가지 원리에 충실하여 하나님의 통치를 확립하는 일에 참여하도록 설득하는 일인 것 같다. 그리스도께서는 첫 번째 원리를 "일차적이고 가장 중요한" 것이라고 불렀는데, 그것은 먼저 참하나님을 사랑함으로써 여러 원리와 가치관을 확립하지 않으면 사람들에게 골고루 돌아갈 만한 사랑이 없을 것이기 때문이다.

사람의 마음이 먼저 하나님에게 맞춰지지 않으면 그들은 자기네 편만 계속 사랑하고 바깥사람들은 멸시하고 착취하고 미워할 것이다. 첫 번째 원리를 소홀히 한 채 두 번째 원리를 크게 강조하는 이들은 그리스도가 말한 순서가 얼마나 지혜로운 것인지를 거듭해서 반증해주었다.

인생의
기본 원리 II

3. 이 세상의 문제는 무엇인가?

이것은 매우 자주 제기되는 질문이고 그 대답이 아주 다양한 것만 봐도 얼마나 중요한 문제인지 알 수 있다. 그리스도는 직접적으로 대답하지 않고 암시적으로만 대답하셨다. 하지만 명확한 대답이었다. 여기에서 무엇보다 중요한 것은 그리스도의 말씀에 최고의 권위가 있음을 깨닫는 일이다. 우리 중에 편견 없이 생각하거나 말하거나 느끼는 사람은 하나도 없다. 우리는 모두 사실을 이론에 끼워 맞추려는 경향이 있다.

그러나 그리스도는 편견도 억지 이론도 없었다. 그분은 우리에게 엄연한 사실을 깨우쳐주려고 오셨는데, 그것은 사랑의 능력을 하나님과 이웃을 위해 사용하지 않고 우리 자신에게만 쓴다는 사실이다. 우리가 행복하지 않은 것은 지적인 문제가 아니라 감정의 문제이다. 그리스도에 따르면, 개인적인 관계나 집단 간의 관계가 깨어지는 것은 마음에서 나오는 것들 때문이다.

우리가 그리스도의 두 가지 큰 원리를 받아들이면, 분명히 죄가 그 원리들을 따르지 못하도록 방해할 것이다. 그리스도께서 가장 심각한 죄로 여긴 것은 사랑의 에너지가 엉뚱한 방향으로 향하는 것이 아니었다. 이는 무지나 부주의함 때문에 생길 수도 있는 문제다. 정말로 심각한 죄는 사랑이 하나님이나 다른 사람에게 향하는 것을 고의적으로 막는 태도이다.

그래서 그분은 의외로 관습적인 도덕적 판단을 뒤집어버리셨다. 예수 그리스도를 가장 분노하게 한 죄는 교만과 독선과 타인에 대한 착취였다. 그분은 자기사랑을 최대의 적으로 보았다. 그분이 보여준 건설적인 사랑의 길을 걷고자 한다면 바로 이 이기적인 사랑을 깨닫고 의도적으로 죽여

야만 한다.

잠시만 생각해봐도 그리스도의 통찰이 얼마나 옳은지 알 수 있다. 사실 자기사랑에서 흘러나오지 않는 죄는 하나도 없다. 또 가장 큰 피해와 고통을 주는 죄들은 지극한 자기 사랑을 담고 있는 것들이다.

그리스도는 짧은 생애 동안 죄의 증상만 치료하느라 시간을 낭비하지 않았다. 그분의 관심사는 정서적 중심지라고 할 수 있는 마음의 동기와 태도였다. 그렇기 때문에 사람들에게 마음을 바꾸도록 요구하신 것이다. 일단 내면의 정서가 하나님께 맞춰지면 나오는 외적 언행은 그분의 뜻을 따를 것이기 때문이다.

4. 하나님이 사람들에게 기대하시는 것은 무엇인가?

이 질문에 그리스도께서 '팔복'을 통해 명시적인 답변을 주셨는데, 이를 진지하게 생각해보면 아주 충격적인 것임을 알 수 있다. 그것은 전통적인 가치관과 야망을 완전히 뒤집은 것인데도 많은 사람이 이 사실에 주목하지 못하는 것은 이른바 "팔복"이 시적인 형식과 고어로 표현되어 있기 때문이다. 하지만 우리가 "복이 있다"를 "행복하다"로 바꾸고 그 어구를 사실적이고 설명적인 표현으로 풀어보면, 금방 그 혁명적인 내용이 뚜렷이 드러난다. 더 나아가, 각각의 복을 세상적인 가치관과 대비해보면 그 진정한 특징이 생생하게 살아날 것이다. 시도해보자.

대부분의 사람은 이렇게 생각한다.

강하게 밀어붙이는 사람들은 행복하다.
세상에서 출세하기 때문이다.
냉담한 사람들은 행복하다.
상처받는 일이 없기 때문이다.
불평하는 사람들은 행복하다.
결국에는 하고 싶은 대로 하기 때문이다.
무감각한 사람들은 행복하다.
자기 죄 때문에 고민하지 않기 때문이다.
노예를 혹사하는 사람들은 행복하다.
원하는 결과를 얻기 때문이다.
세상 물정에 밝은 사람들은 행복하다.
처세술을 알고 있기 때문이다.

말썽쟁이는 행복하다.
사람들이 그들을 주목하기 때문이다.

예수 그리스도는 이렇게 말씀하셨다.

자기가 영적으로 가난하다는 것을 아는 사람들은 행복하다.
그들은 이미 하나님의 나라에 들어갔다.
자기 몫에 따라 세상의 고통을 짊어지는 사람들은 행복하다.
결국에는 고통을 피하는 자들보다 더 행복할 것이다.
인생과 자신의 한계를 받아들이는 사람들은 행복하다.
그들은 누구보다 더 풍성한 삶을 누릴 것이다.
진정으로 '선하게' 되고 싶은 사람들은 행복하다.
그들은 자기가 소원하는 것을 완전히 이룰 것이다.
상대방을 용서해주는 사람들은 행복하다.
그들은 하나님의 사랑을 알게 될 것이다.
진실하게 생각하고 느끼는 사람들은 행복하다.
그들은 결국 궁극적인 진리인 하나님을 볼 것이다.
다함께 살도록 남을 돕는 사람들은 행복하다.
그들은 하나님의 일을 하는 자로 알려질 것이다.

여기서 그리스도는 세상의 전형적인 이상과는 전혀 다른 이상을 제시하고 있다. 그분은 인생의 참 목적에 어울리는 인간의 특성을 개관하고 있으며, 자기사랑에 기초하여 온갖 불행을 낳는 전통적인 삶의 방식을 암암리에 폭로하고 있다.

행복하고 건설적인 삶을 위한 이 '비결'은 보편적이어서 사람들의 기질과 능력에 상관없이 누구에게나 적용가능하다. 재능이 많든 적든, 심신이 강하든 약하든, 이해가 빠르든 느리든 상관없이 누구나 획득할 수 있는 특성이다. 여기서 다시금 그리스도는 삶의 외적 면모가 아니라 내적 태도가 중요하다는 것을 지적하신다.

우리는 그분의 정의를 "혁명적"이라고 불렀는데, 그것이 황당하다는 뜻은 아니다. 수많은 사람이 이 가르침을 따르는 과정에서 진정한 자아를 발견할 것이고, 세상의 많은 문제를 일으키는 탐욕스럽고 경쟁적이며 이기적인 성격을 버리게 될 것이다. 그리스도께서는 사람에게 독단적인 규칙을 강요하는 게 아니라 참된 질서를 회복시키고 있는 중이다.

5. 우리는 고통과 질병, 불의와 악을 어떻게 이해해야 하는가?

많은 사람이 신앙을 가로막는 최대의 걸림돌로 내세우는 이런 것들을 그리스도는 인생의 일부로 받아들이셨다. 이런 것들을 외면하지 않고, 오히려 어디에서나 건강과 평안, 적극적인 선과 같은 참된 질서를 회복시키는 행동으로 그것들과 맞서 싸우셨다. 그분은 이 기본 원리들 위에 인생을 다시 세우는 그분의 계획을 따르면, 고통과 슬픔이 없을 것이라고 약속하지 않으셨다. 그분 자신도 고통과 슬픔을 피하지 않으셨다.

그렇지만 그리스도는 그분의 길을 걷는 사람들이 생존을 넘어 풍성한 삶을 누리는 데 필요한 기쁨과 용기, 사랑과 하나님에 대한 믿음을 얻게 될 것이라고 약속하셨다. 그들은 하나님의 생명과 영의 인도를 받아서 악을 이길 수 있을 것이다. 그들은 주도권을 잡고 선으로 악을 무찌를 것이다.

그리스도는 이 세상에 존재하는 고통과 악을 명백히 설명하진 않았지만 진지하게 고려할 만한 몇 가지 사실을 말씀하셨다.

(1) 삶의 규칙을 위반하면 고통이 따른다.

철저히 이기적인 사랑을 좇는다면, 즉 그리스도가 말한 인생의 두 가지 원칙을 완전히 위반하는 경우에는, 고통이 만연하고 아주 복잡한 문제가 생길 수밖에 없다. 사람은 고립된 섬이 아니므로 각각의 행동은 다른 사람에게 어느 정도 영향을 미치게 마련이다. 하나님 중심이 아닌 자기중심적인 수많은 사람이 수많은 행동을 한다고 가정해보자. 그 모든 행동이 서로 증폭작용을 일으키면 온 세계를 파괴하고 말 것이다.

죄-고통-죽음의 악순환에 빠진 세상을 구하는 유일한 길은 사람들이 하나님 중심으로 삶을 재편하는 것이다. 그렇게 하려면 의도적으로 그리스도께서 보여주신 그 하나님을 신뢰하고, 하나님이 바라는 참 인생은 그리스도와 그분의 기본 원리들을 좇는 것임을 깨달아야 한다.

그러므로 악과 고통의 문제에 쉬운 답은 없다. 이 문제를 해결하는 손쉬운 방법도 없다. 그러나 그리스도는 소수의 남녀를 설득하여 새로운 삶을 살게 하심으로써 근본적이고 현실적인 차원에서 그 문제를 다루셨다. 예수님은 대부분의 사람이 멸망으로 인도하는 넓은 길을 따라 걷고, 관습적인 삶의 원리를 따르고 있다고 말씀하셨다. 인생의 기본 원리를 따르는 좁은 길, 하나님의 뜻에 부합하고 죽음의 영향을 받지 않는 그 길을 좇는 사람은 소수에 불과했다. 그리스도의 구출 계획(혹은 흔히 오용되는 단어를 사용하자면, 구원 계획)은 소수의 무리에서 시작되었다. 이들은 악에 대항하는 선의 첨병 역할을 했다.

(2) 예수님은 영적 악의 세력에 대해 분명히 말씀하셨는데, 당시의 언어를 사용하여 그 세력을 "사탄", "마귀" 혹은 "악한 자"라고 부르셨다.

그런 악한 영적 세력의 정체가 아무리 신비에 싸여있다고 해도 (『실낙원』의 저자 존 밀턴이 말한 타락한 천사라든지, 오랜 세월 누적된 이기적인 삶에서 발생하는 악한 영) 그리스도가 이 세상에서 악한 세력이 활동하고 있다는 가정 아래 말씀하시고 행동하셨다는 사실은 결코 부인할 수 없다. 스스로 하나님이라는 그분의 주장을 우리가 사실로 받아들인다면, 우리로서는 그 가정을 진지하게 생각하지 않을 수 없다.

우리는 현대적 사고방식에 익숙한 나머지 악을 실수나 문명의 성장통, 혹은 설명할 수 없는 문제로 간주하는 경향이 있다. 이는 사실상 하나님이 친히 하신 설명, 곧 이 세상에서 활동하는 악한 영이 존재한다는 설명을 받아들이지 않는 셈이다. 그리스도는 바로 이 악한 영이 질병과 광기의 원인이며 참된 생명의 길을 따르려는 사람들의 항구적인 적임을 명백히 말씀하셨다.

현대인은 완벽한 설명을 요구한다. 따라서 모든 사실을 밝혀내지 못하면 도덕적 책임을 질 필요가 없다고 생각한다. 아무데도 헌신하지 않는 불가지론이 유행하고 있는 것도 그 때문이다. 그런데 '인간이 되신 하나님', 즉 예수 그리스도는 이 세상에 존재하는 악한 세력의 기원과 활동에 관하여 완벽한 설명을 주지 않았다. 설사 완벽한 설명을 주셨다 하더라도 시공간의 제약을 받는 우리는 그것을 제대로 이해할 수 없을 것이다. 그렇지만 그분은 악을 단순한 선의 부재(不在)로가 아니라 엄연한 악으로 인식하셨다. 그리고 가능하면 어디에서나 악을 물리치셨다. 또한 악을 이길 수 있는 방법을 가르치셨고 그 일에 필요한 자원들에 대해 이야기하셨는데, 이에 관해서는 잠시 뒤에 살펴볼 예정이다.

몇 가지
기본 질문

죄와 용서에 관한 진리는 무엇인가?

조만간에 우리는 어떤 형태로든 이 질문을 제기해야 하고 또 해답을 찾아야 한다. 불완전한 인간이 도덕적으로 완전한 하나님에게 안전하게 접근하는 문제는 진정한 종교가 분명히 다뤄야 하는 사안이기 때문이다.

대부분의 현대인은 하나님에 대한 의식(意識)이 없기에 '죄' 의식도 없는 편이다. 경험상 이 둘 사이에는 깊은 연관성이 있기 때문이다. 하나님에 대한 의식이 생기면 조만간에 죄책감과 실패감도 발생하는 법이다. 이는 고도로 발달한 종교뿐만 아니라 원시적인 종교에도 해당된다. 그리고 이런 죄의식이 있는 곳에는 "죄에 대해 무슨 조치를 취해야 한다"는 신념이 뿌리를 내리고 있다. 동물이나 심지어 인간을 제물로 삼는 제사, 다양한 종류의 화목제물, 정결 의식 등 이 모든 것은 거룩한 하나님과 죄 많은 인간 사이의 도덕적 간극을 메우려는 '조치'를 잘 보여준다.

그동안 죄와 용서의 문제에 대해 온갖 감상적인(즉, 비현실적인) 말과 글이 쏟아졌다. 우리는 매우 중요한 이 주제에 대한 그리스도의 가르침을 살펴보기 전에 몇 가지 정리할 사항이 있다.

1. 우리의 관심사는 '인위적인' 죄책감이나 죄가 아니다.

이 책의 앞부분에서 양심이 죄책감을 불러일으키는 경우는 어떤 사람이 특정한 표준과 금기사항을 마음속에 품고 있다가 그런 것을 위반할 때임을 살펴보았다. 모든 종교(유감스럽게도 기독교를 포함한)는 사람들에게 이런 인위적인 죄책감을 유발하는 경향이 있다. 이런 인위적인 죄책감은 하나님 앞에서의 지위와 거의 상관없거나 전혀 상관없을 수 있다.

가장 전형적인 본보기는 그리스도의 신랄한 공격을 받았던 바리새주의일 것이다. 하지만 바리새주의가 그리스도의 죽음 이후에 사라졌다고 생각하는 것은 착각이다. 이런 시스템의 위험은, 그리고 그리스도가 바리새인들을 그토록 맹렬하게 공격했던 이유는 지극히 인위적인 가치관 때문이다. 스스로 옳다고 믿는 교만한 자는 사실은 그렇지 않은데도 '하나님과 올바른 관계'에 있다고 느끼는 반면에, 예민하고 겸손한 사람은 그릇된 이유로 지나친 부담을 느낀 채 절망에 빠지고 만다. 그리스도께서 말씀한 '바리새인과 세리의 기도'(눅 18:9-14)에서 그 사실을 잘 알 수 있다.

2. 우리의 관심사는 완벽주의가 아니다.

이 책의 앞부분에서 "100퍼센트 완벽성"을 하나님으로 숭배하는 것은 위험하다고 이미 말했다. 어떤 유형의 사람들이 느끼는 죄의식과 수치심과 죄책감은 (상상력을 발휘하여) 인간의 기준과 하나님의 기준을 비교하기 때문에 생긴 결과이다. 그러면 당연히 우리는 실패자라고 느끼게 된다! 누군가에게 인생의 형편없는 실패자라는 느낌을 안겨주고 싶으면 기준을 올리고 또 올리기만 하면 된다!

아무도 그의 창조주와 경쟁할 수 없다는 것은 삼척동자도 아는 사실이다. 따라서 창조주가 자기 피조물들이 자신과 비교하여 열등감과 굴욕감을 느끼기를 바란다고 생각하는 것은 어리석고도 부당한 발상이다. 그런데도 이런 비교가 위장된 모습으로 설교와 종교 서적에 자주 나타난다. 하지만 이로 인한 절망감과 무력감을 '죄에 대한 자각'으로 착각하면 안 된다.

3. 우리의 관심사는 단순한 굴욕감이 아니다.

심리검사를 해보면 상당히 많은 사람이 죄와 죄책, 불순종, 형벌 같은 단어들에 거부반응을 보인다. 그 이유는 그들이 교만과 자만에 빠져서 비판을 싫어하기 때문이 아니라 어린 시절의 나쁜 행실로 인한 상처가 아직도 마음 한구석에 남아있기 때문이다.

예외적인 행운아들을 제외하고, 대부분은 당시의 상황을 잊은 지 오래되었다 해도 그 시절의 비행과 처벌이 초래한 수치와 분노, 무력감, 굴욕을 어렴풋이 기억하고 있다. 그들은 상당한 몸부림과 갈등을 겪으면서 결국 어른의 손아귀에서 벗어났기 때문에 이제 와서 스스로 '죄인'이라고 고백하는 일은 마치 '어린 시절의 굴욕감을 재발하는 것이 아닌가' 하는 생각이 들 것이다. 어린 아이가 잘못해서 볼기짝을 맞는 것은 대수롭지 않은 일이지만, 어른이 매를 맞는다는 것은 말할 수 없는 치욕이다. 유명한 복음전도자의 의도는 물론 어린 시절의 죄책감과 굴욕감을 되살리려는 것이 아니지만 그렇게 보일 수는 있다. 진정한 죄의식은 결코 굴욕을 느끼는 것과 같지 않다.

참 하나님과 접촉할 때 반드시 생기는 진정한 죄의식과 죄책감과 수치심은 다음과 같은 네 가지 노선을 따라 유발되는 것 같다. 예화를 들어 설명해보겠다.

(1) 작은 그림을 재빨리 척척 그릴 수 있는 능력을 자랑하는 화가가 있다고 가정해보자. 벽에 붙은 캔버스를 발견한 그는 기회다 싶어서 그 자신과 친구들을 의식하며 밝은 색으로 흥미로운 그림 한 폭을 신나게 그렸다. 그 화가는 작품을 더 잘 보기 위해 뒤로 물러나보고는 거대한 규모의 훌륭한 그림 한구석에 자기가 엉뚱한 그림을 그렸다는 사실을 깨달았다. 그 규모가 너무나 커서 거기에 그런 그림이 있는 줄을 미처 알지 못했던 것이다.

이는 사람이 갑자기 하나님의 위대한 설계를 보고 이제까지의 자기 인생이 얼마나 보잘것없고 초라한지를 느끼는 것과 비슷하다. 이것이 바로 진정한 죄의 자각이다.

(2) 출처는 분명하지 않지만 실화로 알려진 이야기를 하나 이용할까 한다. 여러 면에서 구제불능인 한 젊은이가 자라면서 일하기를 싫어하게 되었고 타고난 요령으로 한동안 큰 어려움 없이 지낼 수 있었다. 그는 입버릇처럼 "나는 내 인생을 살 뿐이다. 어느 누구에게도 신경을 쓰지 않는다"는 말을 되풀이했다. 그런데 자기를 과신하다가 결국 유죄 판결을 받고 3년 동안 감옥살이를 하게 되었다. 그 젊은이는 감옥에 있는 동안에도 완고하여 자기 잘못을 뉘우치지 않았다. "내가 어떻게 살든지 간에 아무도 간섭할 수 없어. 똑같은 실수를 반복하는 일은 없을 거야." 때가 되어 감옥에서 나온 그는 갈 곳이 없어서 '장래를 구상하는' 동안 집에 며칠 묵기로 결정했다. 그가 마지막으로 본 어머니의 모습은 3년 전 재판정에서 눈물을 흘리던 통통하고 붉은 얼굴의 중년 부인이었다. 그런데 집에 도착하여 문을 여는 순간 백발의 초라한 노인이 눈에 들어왔으나 그는 어머니가 그

동안 왜 그렇게 되었는지를 금방 깨닫지 못했다. 잠시 쳐다보다가 그는 드디어 "아, 어머니, 제가 어머니를 이렇게 만들었군요" 하고 외치며 형벌과 감옥이 우려내지 못했던 통한의 눈물을 쏟았다.

이 이야기는 자기중심적인 삶으로 다른 이들에게 상처를 준 사람이 갑자기 자기 잘못을 깨닫게 되는 과정을 잘 보여 준다. 그러나 안타깝게도 이 이야기에 나오는 남자처럼 잘못된 행동의 결과를 생생하게 간파하는 경우는 그리 많지 않다. 하지만 그렇게 된다면 진실로 죄를 깨달을 수 있다. 한 사람이 자기의 삶이 하나님의 목적에 어긋날 뿐만 아니라 다른 사람들에게까지 피해와 악영향을 준다는 것을 간파할 때에야 자신이 '죄인'이란 사실을 절감하기 시작한다.

(3) 세 번째 노선을 설명하기 위해 소박한 이야기를 하나 들어야겠다. 동갑내기 두 젊은이가 서로 다른 길을 택했다. A는 인생을 최대한 즐기겠다고 결심했고, B는 성공을 하겠다고 결심한다. A의 조롱을 받으면서도 B는 야간 수업을 들으며 틈만 나면 열심히 공부했다. 그들은 각기 제 갈 길로 가다가 여러 해가 흐른 뒤에 다시 만나게 되었다. 그 때

B는 성공하여 보수가 많은 팀장의 지위에 올랐으나, A는 별로 나아진 것이 없었다. A는 B를 보고 부당한 질투를 느낄 수도 있겠지만, "난 정말 바보처럼 살았구나! 그 많은 기회를 날려버리다니! 나도 B처럼 될 수 있었을 텐데!" 하고 한탄할 수도 있을 것이다.

이 소박한 이야기는 진정한 '죄의 자각'이 어떻게 생기는지를 잘 보여준다. 이기적으로 아무렇게나 살아온 사람이 하나님의 목적에 맞추어 행복하고 만족스러운 삶을 영위하는 사람을 만난다. A는 "맞아, 그 친구는 언제나 신앙이 좋았지" 하고 가볍게 넘길지 모르지만, "나도 그 친구처럼 될 수 있었는데" 하며 뼈아프게 후회할 수도 있다. A는 하나님의 기준을 우습게 보고 하나님을 멀리했지만 B는 정반대의 길을 걸었기 때문에 A가 B를 그토록 부러워하게 된 것이다. 여기서 A가 "난 정말 바보처럼 살았구나!" 하며 자기 인생을 되돌아본다면, 그는 진정으로 죄의식을 품기 시작하는 셈이다.

(4) 죄의 자각에 이르는 네 번째 길은 설명하기가 더 어렵다. 그것은 진정한 선과 진정한 사랑이 지닌 엄청난 힘

을 발견하는 경우이다. 위선적인 사람은 진실을 미워하고 두려워한다. 성적으로 문란한 사람은 진정한 정열에 냉소적인 체하지만 속으로는 그것을 싫어하고 두려워한다. 자기중심적인 인간은 어떤 대의를 위해 자기를 희생하는 사람의 헤아릴 수 없는 위력을 미워하고 두려워한다. 요컨대, 자기중심적인 악인들은 선을 두려워하는 것이다. 그들은 이런 두려움을 조롱과 냉소로 표출하고, 상황이 허락하면 선한 사람을 적극적으로 박해한다.

한 사람이 다른 인물의 삶이나 자기가 읽거나 보는 것, 혹은 마음의 감동을 통해 선과 사랑의 위력을 깊이 느끼게 될 때, 참으로 죄를 깨닫게 된다. 그리고 곧 인생의 본질이 악이 아니라 선이란 것을 알게 된다. 그가 그동안 연약한 것이라고 멸시했던 선과 사랑이 실은 얼마나 강한지를 절감한다. 베드로는 그리스도에게서 그런 위력을 느꼈을 때 두려움에 사로잡혀 "주여 나를 떠나소서 나는 죄인이로소이다"(눅 5:8) 하고 외쳤다. 물론 어떤 사람들은 선에 대한 두려움 때문에 평생 동안 적당한 거리를 두며 살지만 늘 선의 침범을 받을 위험을 안고 있다. 그리고 선이 침범할 때에는 강한 죄의식을 느끼게 된다.

그리스도와
 죄의 문제

 물론 이 밖에도 우리가 하나님 앞에서 도덕적 파탄을 느낄 수 있는 다른 길들이 많이 있다. 하지만 어느 경로로 그 깨달음에 이르든지 조만간에 자기가 파탄지경에 빠졌다는 것을 알게 될 것이다.

 예컨대, 자기가 남에게 피해를 주었고, 하나님의 설계를 손상시켰으며, 인생을 망치다시피 했다는 사실을 인식한다. 그리고 사물의 질서를 위반했다는 것도 어렴풋이 느낄 것이다. 그러나 이제 와서 그가 할 수 있는 일은 별로 없다. 물론 후회하고 사과할 수는 있다. 앞으로는 더 잘 하겠다고 결심할 수도 있다.

만일 그의 죄의식이 피상적인 수준이 아니라면 다음 두 가지를 느끼게 될 것이다.

첫째, 죄 많은 자기 자신과 도덕적으로 완전한 하나님 사이에 일종의 화해가 이뤄져야 한다고 느낄 것이다. 여기서 원시 종교에서 볼 수 있는 희생제사의 개념에 잠시 공감할지 모르겠다. 둘째, 자기가 하나님과 교제할 수 있고 또 그 교제를 허락받았다는 확신을 느끼고 싶을 것이다. 때로는 절박하게 인생의 의미와 목적에 부합하는 삶을 살기 원하지만 자기로서는 필요한 '속죄'를 할 수 없다는 무력감을 느낀다.

그러므로 그리스도의 유일무이한 주장을 진지하게 받아들이는 사람은 그분이 죄의 문제와 인간과 하나님의 화해 문제를 어떻게 다루었는지에 큰 관심을 품기 마련이다. 이와 관련하여 성경의 기록에서 다음 세 가지 사실을 도출할 수 있다.

1. 그리스도는 사람들을 "죄인"이라고 부른 적이 거의 없다.
우리가 아는 한 그분은 사람들이 죄인임을 느끼도록 의도적인 노력을 기울이신 적이 없다. 단, 자칭 의인이라는 자들에 대해서는 가차 없는 공격을 퍼부으셨다. 추측컨대, 그런 독선이야말로 궁여지책이 필요한 치명적인 질병이라고 생각하셨기 때문일 것이다. 죄의식을 유발하는 것을 주된 무기로 삼는 일부 복음전도자들이 오직 그리스도의 말씀만을 사용해야 한다면 탄약 부족에 시달릴 것이다. 그렇다고 해서 그리스도의 삶과 말씀이 방금 다룬 진정한 죄책감과 좌절감을 유발하지 않았다는 뜻은 아니다. 하지만 그분이 청중에게 죄의식을 심어주려고 애쓰시지 않았다는 것은 부인할 수 없는 사실이다.

2. 그리스도는 그분에게 '죄를 용서하는' 권한이 있음을 명백히 말씀하셨다. 하지만 그리스도의 말씀에 따르면, 사람이 죄를 용서받을 수 있는 근거는 전통적으로 많은 신자가 생각했던 것과 다르다. 그분은 죄의 용서와 마음속의 사랑 사이에 밀접한 연관성이 있다고 가르치셨다. "우리가 우리에게 죄 지은 자를 사하여 준 것 같이 우리 죄를 사하여 주시옵고"(마 6:12).

우리는 이 기도에 너무도 익숙한 나머지 그리스도께서

하나님과의 교제와 다른 인간과의 교제를 불가분의 관계로 묶어놓으셨다는 사실을 놓치기 일쑤다. 그분은 아주 인상적인 비유를 든 뒤에 "너희가 각각 마음으로부터 형제를 용서하지 아니하면 나의 하늘 아버지께서도 너희에게 이와 같이 하시리라"(마 18:35)고 말씀하셨다. 게다가 행실이 안 좋은 한 여인에 대하여 "그의 많은 죄가 사하여졌도다 이는 그의 사랑함이 많음이라"(눅 7:47)고 말씀하시기도 했다. 그런즉 사랑이 죄를 용서하는 전제조건이라고 생각하는 것이 그리스도의 가르침에 부합하는 듯하다. 이와 더불어 "누가 나의 이웃입니까?"라는 바리새인의 질문에 대한 답변으로 든 선한 사마리아인의 비유 역시 하나의 고전적인 본보기라고 생각한다.

다른 한편, 사람이 '성령을 거스르는 죄'를 범하면 용서받지 못할 수도 있는 것 같다. 이 어구의 문맥을 살펴보면 진리를 인정하길 거부하는 것과 다른 사람을 사랑하길 거부하는 것이 결합된 죄인 듯하다. 만일 하나님이 진리이자 사랑이라면, 그리고 우리가 진리와 사랑을 인정하거나 품는 것을 고의적으로 거부한다면, 당연히 하나님과의 화해는 불가능해질 것이다.

하나님이 참으로 진리이자 사랑이라면, 가장 큰 죄는 허구와 위선, 속임수, 거짓, 이기적인 사랑일 것이다. 이기적인 사랑이야말로 다른 사람과 교제하지 못하게 하고 그들을 존중하지 못하게 만들기 때문이다. 그런즉 용서는 진리와 사랑의 회복이라고 할 수 있다.

3. 이제 우리는 그리스도께서 '속죄'라는 시급한 문제에 대해 하신 말씀이 있는지 물어야겠다. 그분이 속죄를 암시하신 것은 분명한 사실이다. 그분은 자기 목숨을 "많은 사람의 대속물"(마 20:28)로 줄 것이라고 말씀하셨다. 제자들과 함께한 최후의 만찬에서는 '죄 사함을 위하여' 자기 몸을 찢고 피를 흘릴 것이라고 말씀하셨다.

그리스도는 인간의 몸을 입은 하나님이기 때문에 속죄의 문제에 대하여(죽음을 이기는 것에 대하여) 얼마든지 시범으로 완벽한 해답을 주실 수 있다. 그분은 하나님인 동시에 인간으로서 인간의 힘으로는 불가능한, 하나님과 인간 사이의 화해를 성취하셨다.

그리스도의 죽음을 세상의 죄를 위한 속죄로 해석하는 문제에 관해서는 수많은 이론이 있고, 솔직히 말해서 그중

다수는 현대인의 마음을 설득하기에는 역부족이다. 일단 다음과 같이 생각해보면 좋겠다.

앞에서 온 세상이 죄-고통-죽음의 악순환에 빠져있고, 개개인은 세상의 이기적인 삶이 누적되어 생긴 전염병에서 자기를 깨끗케 하기는커녕 스스로 저지른 악행의 굴레에서 벗어날 수도 없다고 말했다.

이제 인간이 되어 신성(神性)과 인성(人性)을 모두 겸비한 하나님이 개인적으로는 아무 죄가 없으나 이 복잡한 세상에 들어오셨다고 가정해보자. 불변의 인과법칙을 만든 하나님이 스스로를 세상의 자기사랑과 죄에 따른 결과에 노출시키셨다. 그분은 정의를 폐지하지 않고 자연법과 질서를 뒤집지 않은 채 스스로 인간의 대표가 되어 세상의 죄로 인한 모든 고통과 죽음을 몸소 당하셨다.

이런 하나님이 당신의 눈에 어떻게 비치는가? 사람이 당연히 두려워하는 도덕적으로 완전한 분이 유한한 인간이 되어 자발적으로 악의 공격의 표적이 되기로 동의하신 것이다. 우리로서는 거기에 내포된 의미를 상상조차 할 수 없지만, 그것이 사실일지 모른다고 생각만 해도 놀라서 숨이 막힐 지경이다.

그리스도의 죽음이라는 역사적 사실 배후에는 '하나님과 인간의 화해'라는 의미가 내포되어 있다고 그리스도인은 믿는다. 그리스도의 사법적 살인의 배후에 있던 허구와 사이비 종교, 증오, 탐욕, 시기심 등은 단지 배경일 뿐이다. 이 사건의 본질은 그리스도가 언제 어디에서 나타나시든지 항상 동일하다는 것이다. 악은 언제나 성육한 선과 충돌할 터이고, 그것이 십자가이든 교수대이든 단두대이든 가스실이든 그리스도는 언제나 인류를 위해 죽음을 택하실 것이다.

만족스러운
화해

 여기에서 속죄 이론을 정립할 생각은 없다. 단, 하나님이 그분과 사람 간의 화해를 이루기 위해 주도권을 잡고 말로 다할 수 없이 치욕스런 죽음을 당하셨다는 것을 알게 된 사람은 하나님에 대한 태도가 완전히 바뀔 수밖에 없다는 사실을 말하고 싶다. 앞에서 우리는 '죄에 대해 무슨 조치를 취해야 한다'고 느낀다고 했는데, 이 문제는 거의 기적적으로 해결된다.

 비록 이성적으로는 그 사건을 정확히 설명할 수 없어도, '어떤 조치'가 취해졌다는 것은 알게 된다. 이전에는 하나님이 불편하고 위협적인 존재로 보였지만 이제는 그렇지 않다. 하나님 관념이 완전히 바뀐 것이다. 피할 수 없는 심판자로 보였던 하나님이 이제는 사랑하는 분이자 구원자로 보인다. 이런 관념의 변화는 순식간에 일어나지만 큰 정서적 해방감이 수반되기 마련이다.

어떤 유형의 사람들은 "예수님이 나를 위해 죽으셨다"는 말을 너무 쉽게 머리로 수긍한다. 그러나 하나님이 친히 믿기 어려울 만큼 큰 대가를 치르고 인간을 옥죄는 저주의 굴레를 부수셨다고 믿는 일은 그보다 훨씬 깊은 차원의 문제다.

하나님 관념이 크면 클수록 그만큼 더 놀라게 되겠지만, 일단 그것을 진리로 받아들이면 인격에 근본적인 변화가 일어날 수밖에 없다. 도덕의식이 조금이라도 있는 사람은 무의식적으로나마 자신의 행실을 정당화하려고 애쓴다. 의식적으로 애쓰는 경우는 드물지만 그런 노력을 부인할 수 없고, 진정한 '죄의 자각'은 아무리 멀리하려고 해도 언제나 가까이 있다.

그러나 이제는 자신을 정당화할 필요가 없고 과도한 빚을 갚으려고 헛된 노력을 할 필요도 없다는 것을 깨닫는 순간, 말할 수 없는 안도감을 느끼게 된다. 그 모든 것은 오직 믿을 것은 자기밖에 없다는 잘못된 생각에 기초해 있었다. 그것을 돌이켜서 오직 예수 그리스도(전에도 계셨고 지금도 살아 계신 하나님이요 유일하게 완전한 인간)만을 믿는다는 것은 자존심을 완전히 꺾는 일이자 마음의 습관을 바꾸는 일이다. 하지만 그렇게만 할 수 있다면 엄청난 해방감을 느끼고 그동안 억눌렸던 에너지가 엄청나게 분출될 것이다. 이것이 바로 신약 성경에서 예수님을 믿음으로 구원받는다고 말한 것의 의미이다.

이것은 물론 단순한 이론이 아니다. 시대와 나라와 기질을 막론한 사람들이 그리스도의 화해 사역에 거의 동일한 반응을 보여 왔다. 이 진리를 뒷받침하는 증거가 아주 많기 때문에 그것을 인정하는 편이 현명할 것이다. 만일 우리가 이해할 수 없거나 설명하기 어려운 부분이 있다면, 그것은 우리의 능력을 뛰어넘는 신비에 속하는 것이다. 어쩌면 겸손한 태도로 '인간이 되신 하나님'이 도무지 헤아릴 수 없는 일을 이루셨는데, 우리로서는 그 위대하심을 조금밖에 이해할 수 없다고 말하는 게 좋을 것이다.

이처럼 우리가 하나님 앞에서 경외심을 느끼는 게 당연

하겠지만 그렇다고 지성의 사용을 중지할 필요는 없다. 이 그리스도의 화해 사역이 사람들에게 미치는 심리적인 영향을 보면 참으로 놀라지 않을 수 없다. 어느 정도 사랑과 진리 안에 이미 살고 있는 사람들은 예수님의 화해 행위의 위력과 의미를 거의 직관적으로 포착한다.

반면에 교만과 자기사랑에 빠진 이들은 놀라지도 않고 동경하지도 않는다. 혹시 그것이 오랫동안 잊고 지내던, 인생의 의미를 열어주는 열쇠일지도 모르겠다는 생각이 스치고 지나갈지는 모르겠지만 말이다. 그리스도의 화해 사역이 하나님과의 교제로 들어가는 유일한 길임을 발견하는 사람은 영적으로 가난하다고 느끼는 이들이다. 이에 반해, 소위 부자는 빈손으로 돌아갈 것이다.

우리의 성품을 드러내는 시금석이 있긴 하지만 그것이 전부는 아니다. 자기사랑에 빠진 교만한 사람이 하나님이 어떤 분이신지를 깨달으면, 가치관에 혁명적인 변화가 일어날 것이다. 태평한 생활을 하는 사람이 화해 사역을 통해 실상을 뚜렷이 보게 된다면, 즉 무관심을 포함한 온갖 죄가 본질적으로 하나님을 파괴하려는 것임을 깨닫게 된다면, 인생을 전혀 다른 시각에서 보게 될 것이다.

하나님이 시내산에서 천둥소리로 그분의 계명을 주셨을 때, 사람들은 두려움에 떨었지만 그들의 마음은 예전과 달라지지 않았다. 그러나 하나님이 이 세상에 인간으로 내려오셔서 고난과 유혹을 당하고 땀을 흘리며 고뇌하다가 결국 범죄자로 죽었다는 사실을 알게 된다면, 과연 감동을 받지 않는 사람이 있을까? 혹시 그런 사람이 있다면 실로 무정한 인간일 것이다. 왜냐하면 스스로 하나님인 동시에 인간이라는 그리스도의 주장은 사람을 끌어당기는 놀라운 힘이 있기 때문이다.

소란스러운 팔레스타인 땅에서 사법적인 살인이 일어난 지 거의 20세기라는 장구한 세월이 흘렀다. 하지만 지금도 사람들은 예수님의 죽음을 자신과 연루된 문제로 보고 있다. 그 사건은 우리가 반쯤 의식하는 우리의 필요를 잘 충족해주는 것처럼 보인다. 사도 바울은 그리스도의 화해 사역이 마치 그에게만 영향을 준 것처럼 "나를 사랑하사 나를 위하여 자기 자신을 버리신 하나님의 아들"(갈 2:20)이라고 썼다.

그런데 바울 시대 이후 수많은 사람이 자발적으로 동일한 고백을 했다는 점을 주목하라. 이처럼 그 화해 사역이 널리 받아들여졌기 때문에 그것을 쉽게 폐기할 수는 없다. 영적으로 민감한 사람은 누구나 인간이 막다른 골목에 처해 있음을 엄연한 사실로 받아들인다. 따라서 이 사실과 화해의 필요성을 부인하는 것은 무모한 태도이다.

부활의
증거

앞에서 말했듯이, 예수 그리스도는 죄의 문제와 용서에 관해 많이 말씀하시지는 않았지만 개인적인 시범을 통해 완전하고 만족스러운 대답을 주셨다. 사람들이 늘 궁금해하는 "죽음 이후의 삶이 있는가?"라는 질문에 대해서도 그런 식으로 응답하셨다.

복음서의 기록에 따르면 그분의 가르침은 시공간의 제약을 받지 않는 참 세계의 존재를 전제하고 있다. 하지만 예수님은 인간이 죽음 이후에도 살 수 있는지의 여부에 대한 완전하고 만족스러운 대답은 개인적인 시범을 통해 주셨다. 화해 사역의 경우와 마찬가지로 하나의 역사적 사실로 인류의 질문에 가장 효과적인 대답을 제공하신 것이다.

흔히 부활로 알려진 사건의 역사성이 얼마나 중요한지는 아무리 강조해도 지나치지 않다. 만일 그 모든 주장과 약속에도 불구하고 그리스도가 죽은 뒤에 단지 즐거운 추억 속에서만 살아있다면, 그분은 대단히 훌륭한 인물로 존경받는 것에 그치거나 심한 착각에 빠졌던 사람으로 간주될 것이다. 자신이 하나님이고 자기가 인생의 원리라는 그분의 주장은 한갓 자기기만에 불과할 것이다. 하나님과 사람과 인생의 본질에 관한 그분의 권위 있는 선언은 즉시 의심의 눈초리를 받을 것이다.

그분이 큰 주제에 대해 완전히 틀린 것으로 입증되었다면 작은 주제에 대해서 더 이상 왈가왈부할 필요가 있겠는가? 그러므로 그리스도인과 반(反)그리스도인이 모두 부활 사건의 사실 여부에 기독교의 사활이 달려있다고 보는 것은 너무나 당연하다. 이 사건을 놓고 양측이 오랜 세월 격렬한 논쟁을 벌여온 만큼 이제 와서 새로운 증거나 견해가 등장할 가능성은 별로 없다. 대단히 신중한 연구나 매우 기발한 논증으로 이 논쟁을 잠재울 수도 없을 것이다. 부활에 관한 이야기들의 특징은 연대기적인 배열과 상호간의 보증이 결여되어 있다는 점이다.

이 점을 부활을 부인하는 편에서는 그냥 되는 대로 기록한 기사이고 심지어는 상상의 산물임을 보여주는 증거라고 주장하고, 부활을 인정하는 편에서는 자기네가 목격한 것을 너무나 확신한 나머지 굳이 확실한 증거 체계를 세울 필요가 없었음을 입증하는 것이라고 주장한다.

그리고 부활한 그리스도가 오직 '예수님 편에 선' 사람들에게만 나타났다는 기록에 대해서도 양편의 입장이 갈린다. 한 편에서는 그것을 객관성이 없는 증거로 보는 반면에, 다른 편에서는 오직 마음으로 하나님과 화해된 사람들만이 시공간의 제약을 벗어난 생명의 실체조차 볼 수 있다는 명백한 증거로 여긴다.

그러므로 어느 한 편의 주장을 정리하라고 권할 생각은 없다. 다만 부활의 역사적 사실을 부인하려면 반드시 대답해야 할 세 가지 질문을 던지고자 한다.

1. 무엇이 초기 제자들을 변화시켰는가?

복음서의 기록을 보면, 거의 모든 제자가 예수님이 십자가에 달려 죽으실 때 그분을 버리고 도망했다는 것과 그들의 지도자가 죽고 희망이 사라지자 상당한 불안을 안고 살았다는 것을 알 수 있다. 그런데 얼마 안 되어 상당한 무리가 깜짝 놀랄 만한 용기와 영적 힘으로 충만하여 이방인 당국과 유대인 당국에 대항하는 모습을 보게 된다. 그들은 예수님이 공개처형을 당한 뒤에 살아있는 예수님을 한 번이 아니라 여러 번 직접 목격했다고 공공연하게 선포하면서, 모든 사람에게 이 인물이 정말로 하나님이심을 믿으라고 촉구했다. 이것은 단지 일시적으로 분출된 반항적인 용기가 아니라, 이 운동이 도처로 퍼져가는 수년 동안 당국자들을 당황하고 격노하게 했던 꾸준히 타오르는 확신의 불길이었다.

이처럼 드라마틱하고 지속적인 태도의 변화가 환영(幻影)이나 히스테리나 기발한 속임수 때문에 생겼다고 믿는 것은 대단한 억지 해석이다. 우리는 기독교 신앙을 철저히 반대할 수는 있어도, 그리스도가 십자가에서 죽고 무덤에 장사되고 로마 군인들의 삼엄한 경비에 둘러싸인 뒤에, 초기 그리스도인들이 살아계신 그리스도를 직접 목격하고 만지고 대화를 나눴다고 확실히 믿었다는 것은 도무지 부인할 수 없다.

2. 만일 그리스도가 부활하지 않았다면 그는 누구였는가?

어릴 때부터 복음서를 읽지 않은 다수의 사람들은 부활의 기적을 믿지 않고도 그리스도를 역사상 최고의 이상적 인물로, 최고의 도덕 선생으로 모시는 것이 가능하다고 생각한다. 그러나 사복음서 모두 그리스도의 초자연적 주장들로 가득하다. 따라서 각 사람이 스스로 재판관이 되어 그리스도께서 하신 말씀과 하시지 않은 말씀을 판단할 생각이 없다면, 그리스도께서 실로 그분 자신이 하나님이라고 믿고 유일무이한 권위로 말씀하셨다는 결론을 도무지 피할 수 없을 것이다.

만일 그리스도가 그렇게 믿고 그렇게 말했는데도 죽음에서 부활하지 못했다면, 그는 정신병자였음이 분명하다. 그는 극심한 과대망상증을 앓고 있는 한낱 젊은 이상주의자로, 결코 인류의 가장 위대한 스승으로 존경받을 수 없다. 마호메트나 부처, 혹은 그 어떤 위대한 선생이라도 스스로 하나님이라는 충격적인 발언을 한 적이 없다. 많은 사람은 그리스도의 주장이 얼마나 터무니없는 것인지를 제대로 보지 못하고 그 주장을 정확하게 평가하지도 못하고 있다. 그저 막연하게 위대한 선생 정도로만 알고 있었기 때문이다. 만일 그분이 실제로 부활하지 않았다면, 그분의 주장은 거짓이고 그분은 아주 위험한 인물이었을 것이다.

3. 왜 그토록 많은 그리스도인이 그리스도가 부활했을 뿐 아니라 지금도 살아 계시다고 믿는가?

이 질문은 비판가들에게 분노를 일으킬지는 몰라도 정당한 물음임에는 분명하다. 지난 20세기에 걸쳐 수많은 국적을 가진 온갖 기질의 그리스도인들이 공통된 경험을 했다는 사실은 결코 가볍게 넘길 수 없다. 오늘날 수많은 남자와 여자는 자기가 섬기는 분이 과거의 영웅이 아니라 그들에게 영적 자원을 공급해주는 살아계신 인격이라고 확신한다.

시를 쓰느라 끙끙대는 사람이 셰익스피어를 향해 "윌리엄 셰익스피어여, 나를 도우소서!"라고 외친들 무슨 일이 일어나겠는가. 두려움에 사로잡힌 사람이 영국의 국민 영웅, 넬슨을 향해 "아, 넬슨 제독이여, 나를 도우소서!"라고 외친들 무슨 응답을 받을 수 있겠는가. 그러나 자신의 도덕적 한계에 봉착하여 의지적으로 충분한 사랑과 선을 발동할 수 없는 사람이 그리스도를 향해 "아, 그리스도여, 나를 도우소서!"라고 외치면 즉시 무슨 일이 일어난다. 그리스도인은 살아있는 원천에서 영적 생수를 마시고 있다고 강하게 느끼기 때문에 주님이 과거의 위대한 인물을 뛰어넘는 분임을 확신할 수밖에 없는 것이다.

이런 확신이 예수 그리스도에 대한 믿음이 있는 사람들에게만 생긴다는 사실 때문에 적대적인 비판가는 그 타당성을 인정하지 않는다. 그러나 이런 비판가가 상상력을 발휘하여 잠시 그리스도의 주장이 옳다고 가정한다면, 그것을 논리적 현상으로 인정할 수밖에 없을 것이다.

만일 그리스도께서 참된 삶의 방식을 계시하셨고, 인간들에게 하나님의 생명(영생)과 조화를 이룰 수 있는 길을 제시하셨다면, 이와 다른 길을 걷는 사람은 거기에 '과감히 뛰어들지' 않고는 그 참된 삶의 질을 도무지 이해할 수 없을 것이다. 어떤 사람이 사랑에 관해 글과 시를 쓰고 자기주장을 펼칠지라도 직접 사랑에 빠져보지 않으면 참 사랑을 알 수 없다. 또한 자기사랑을 버리고 타인에 대한 사랑에서 오는 기쁨과 고통과 책임을 받아들일 때에만 사랑을 더 깊이 알 수 있는 법이다.

"사람이 하나님의 뜻을 행하려 하면 이 교훈이 하나님께로부터 왔는지 내가 스스로 말함인지 알리라"(요 7:17)고 예수님이 말씀하셨다. 이 날카로운 도전을 받아들이는 사람들은 예수 그리스도가 살아있음을 확신할 것이다.

죽음의
폐지

인간이 되신 하나님, 곧 예수 그리스도는 행복하고 건설적인 인생에 필요한 실질적인 교훈을 주셨다. 뿐만 아니라 하나님의 영원한 생명과 연결될 수 있는 수단까지 보여주셨다. 천국은 착한 아이에게 주는 보상이 아니라(많은 사람이 이렇게 생각하지만), 사람이 더는 자신이 아닌 그리스도를 신뢰할 때 시작되는 새로운 삶이 지속되고 확장된 결과이다.

이 신앙이 지금 여기에서 우리를 진리와 사랑에 연결한다. 예수 그리스도께서 '영생'이란 이생 이후에도 생명이 한없이 연장되는 것이지만 현재에도 영생으로 들어갈 수 있다고 여러 번 말씀하셨다는 사실은 매우 의미심장하다. 그리스도의 메시지를 진실로 믿고 그것을 신뢰하는 사람은 이미 영생을 소유하고 있다(요 3:36, 5:24, 6:47). 그분은 사람들에게 그저 생명을 줄 뿐만 아니라 더 깊고 풍성한 삶을 주려고 오셨다(요 10:10, 10:28, 17:3).

이 진리를 받아들인다면 그리스도께서 육체적 죽음에 대해 놀라운 가르침을 주셨다는 사실에 그리 놀라지 않을 것이다. 예수님은 육체적인 죽음이 이제는 공포의 대상이 아닐 뿐더러, 하나의 체험일 뿐 아예 존재하지도 않는다고 말씀하셨다. 사람들이 평화주의나 이혼에 관한 입장을 표명할 때에는 그리스도의 말씀을 문자적으로 해석하곤 한다.

그런데 이상하게도 그리스도께서 그분을 믿는 사람과 관련하여 죽음에 관해 말씀하신 것은 있는 그대로 받아들이지 않는다. "사람이 내 말을 지키면 영원히 죽음을 보지 아니하리라"(요 8:51). "무릇 살아서 나를 믿는 자는 영원히 죽지 아니하리니"(요 11:26). 이미 영원한 삶을 영위하기 시작한 사람은 죽음을 완전히 무시해도 좋다는 것이 그리스도의 말씀에 담긴 뜻임이 분명하다.

오래 전에 사도 바울은 "그는 사망을 폐하시고"(딤후 1:10)

라고 썼지만 그 후 그것을 믿은 사람은 극소수에 불과하다. 죽음에 대한 본능적인 두려움에 뿌리박은 어둠의 권세를 뿌리치기가 어렵고, 수많은 그리스도 작가들이 내세에 대한 밝은 소망은 갖고 있으면서도 죽음의 폐지를 받아들이지 못했기 때문이라고 생각한다. "어둠의 골짜기", "어두운 죽음의 입구", "쓰라린 죽음의 고통"과 같은 수많은 표현들은 대단히 많은 그리스도인이 그리스도의 말씀을 진정으로 믿지 않는다는 사실을 증언하고 있다.

아마 존 번연에게 가장 큰 책임이 있을 것이다. 그는 『천로역정』에서 순례자들이 천상의 도시에 도달하기 전에 차디찬 강을 건너야 한다고 썼는데, 셀 수 없이 많은 사람이 감수성이 예민한 시절에 이 작품의 영향을 받았다. 그러나 "차디찬 강"은 전적으로 번연 자신의 두려움의 산물이며 신약 성경에서는 아무런 근거도 찾을 수 없다. 오히려 신약 성경은 "그리스도 안에서 잠을 잔다", "떠나서 그리스도와 함께 있다", "잠들다"와 같은 표현을 사용한다. 이제 우리는 "차디찬 강", "어두운 입구", "쓰라린 고통"과 같은 우울한 이미지들을 버리고 "예수 그리스도께서 죽음을 폐지하셨다"는 엄연한 사실을 받아들여야 한다.

사람들은 이 사실이 너무 좋아서 사실일 리가 없다고 생각한다. 정말 그렇게 생각한다면 하나님이 친히 세상에 찾아오신 것이 실로 혁명적인 사건임을 받아들이지 않았기 때문이다. (믿기 어려울 테지만) 하나님이 실제로 인간과 동일시되셨고, 하나님이 주도적으로 인간과의 화해를 이루셨고, 보잘것없는 인간이 하나님 중심의 모험적인 삶을 시작할 수 있는 길을 보여주셨다는 것이 사실이라고 생각한다면, 한시적인 무대에서 한시적으로 존재하는 몸을 벗어버리는 일(죽음)은 무시할 만할 것이 된다.

이제까지 우리는 그리스도와 그분의 성품, 그분의 가치관, 무엇보다도 자신이 보이지 않는 하나님이 가시화된 인물이라는 그분의 주장을 받아들인 사람과 관련해서 죽음에 대해 살펴보았다. 자기 능력만 믿고 이 세상의 가치관을 신뢰하는 사람들에게는 사복음서와 신약 성경이 아무런 희망도 제시하지 않는다. 죽음을 무시하고 천국을 맞이할 수 있는 사람들은 (사도 바울이 지겹도록 주장하듯이) 오로지 대표적인 인간인 동시에 하나님인 그리스도 안에 있는 자들뿐이다. 따라서 하나님의 영원한 생명을 붙잡지 않은 사람들에게는 죽음이 크나큰 불행일 수밖에 없다.

이론에서 실천으로

설사 우리가 하나님이 그리스도로 나타나셨다고 믿고, 화해 사역과 부활을 진리로 받아들이고, 기꺼이 자기중심적인 삶을 버리고 그리스도께서 보여주신 참된 삶의 방식을 좇기로 했다고 할지라도, 문제가 모두 해결된 것은 아니다. 왜냐하면 아주 특별한 노력이나 돌발적인 결심을 제외하면 새로운 차원의 삶을 살 수 있을 만큼 영적으로 강건하지 못하기 때문이다. 간단히 말해서, 새로운 인류의 개척자로 오랫동안 살 만한 내적 힘이 없기 때문이다.

그 새로운 길이 옳다는 것을 알고 또 그 길을 좇고 싶은 마음이 간절해도 실제로 우리는 그렇게 살지 못한다. 우리는 자기의 과거를 탓할 수 있고, 하나님을 무시하는 세상을 탓할 수 있으며, 심지어 그건 그럴싸한 이론일 뿐 실제로는 소용이 없다는 우울한 결론을 내릴 수도 있다.

그리스도는 물론 이 자연스런 곤경을 미리 내다보셨다. 예를 들면, 그분은 그분의 죽음 후에 그분의 존재가 제공하던 지원과 영감이 사라지면 제자들이 금방 무너질 것임을 잘 아셨다. 그러므로 새로운 영(성령)이 와서 그들에게 필요한 용기와 도덕적인 힘, 사랑, 인내 등을 공급할 것이라고 약속하신 것이다.

사복음서를 제외한 다른 신약 성경 책들을 잘 읽어보면 이 약속이 지켜졌다는 사실을 명백히 알 수 있다. 평범한 사람들이 예전의 이기적인 태도에서 방향전환을 했을 뿐 아니라, 충분한 영적 생명력을 공급받아 세상에서 작지 않은 소동을 일으키기도 했다.

하지만 성령을 선물로 받으면 세상이 놀랄 만한 현상이 일어난다고 생각하는 것은 잘못이다. 성령의 일반적인 역할은 갈라디아서 5장에 나오는 성품, 즉 사랑과 희락, 화평, 오래 참음, 자비, 양선, 충성, 온유, 절제를 열매로 맺는 것이다. 이런 성품이야말로 쉽게 바닥나는 것들이고, 이것들을 모두 묶으면 바로 대표적인 인간인 그리스도의 성품이 된다.

현대인은 이처럼 외부로부터 어떤 것(혹은 누군가)이 인간의 삶 속에 들어온다는 것을 받아들이지 못한다. 삶이란 것을 '닫힌 체계'로 보는 현대적 관점을 수용했기 때문이다. 이 체계 내에서는 얼마든지 많은 일이 일어날 수 있지만, 이 거대한 인과작용이 외부의 간섭을 받는다는 것은 도무지 생각할 수 없다.

그러나 그저 논의를 위해서라도 그리스도의 가르침이 진리라고 가정해보자. 즉 우리의 작은 인생이 말할 수 없이 큰 영원한 존재에 거슬리는 행동을 했다고 생각해보자. 그러면 특정한 조건 아래서 이 흠 많은 인간 존재와 저 완전한 생명 사이에 접촉이 일어날 가능성을 전혀 배제할 수 없을 것이다. 이런 접촉의 결과는 문자 그대로 초자연적인 성격을 지닐 것이다. 우리가 이미 살펴보았듯이, 한 사람이 우발적으로라도 무언가 진실하고(진) 선하고(선) 아름다운(미) 것을 접하면 그 '다른 쪽 끝'이 영원한 존재와 연결되어 있음을 발견할 수도 있다. 이런 경우에는 닫힌 체계라는 개념이 확실히 부적절하다.

만일 우리가 닫힌 체계에 싫증이 나고 어렴풋하게나마 참된 세계를 의식하고 있다면, 이런 외부의 침입이 더 자주 일어나고 더 명백해지기를 바랄 것이다. 하지만 우리가 아는 것은 이 정도다. 그리고 누구든지 그리스도의 길을 따르고 싶다면, 말하자면 자기의 마음을 하나님께 연다면, 그는 틀림없이 하나님의 영을 받게 될 것이다. 그의 영적 역량이 커지고 하나님과 소통하는 문이 넓어질수록 더 많이 받을 것이다. 요한은 이것을 하나님의 유전형질(하나님의 씨, 요일 3:9)을 받는 것이라고까지 말한다. 그렇다고 해서 사람이 강신술 영매로 변한다는 뜻은 물론 아니다. 그 사람의 참 자아가 정화되고 고상해지며, 한 가족처럼 그리스도를 닮게 되겠지만 역설적으로 예전보다 더 본연의 자아를 찾게 될 것이다.

여기서 초기 기독교와 오늘날의 기독교가 얼마나 다른지를 지적해야겠다. 당시 사람들에게 기독교는 전혀 새로운 생명이 그들의 삶 속에 침범한 것으로 보였다. 하지만 오늘날 우리에게는 단지 규칙을 지키는 행위의 종교로 보일 뿐이다. 이런 차이점은 우리가 닫힌 체계라는 개념을 버리기를 주저하기 때문에 생기는 것이다. 우리는 신약 성경이 말하는 '신앙'이 너무나 부족한 상태이다. 신앙은 이 세계와 영원한 세계 간의 접촉에 필요한 으뜸가는 조건인 만큼 1세기의 기독교와 20세기 기독교 사이에 질적으로 큰 차이가 있는 것은 어쩌면 당연하다.

외부에서 오는 능력이 없다면, 그리스도의 가르침은 매우 훌륭할지언정 실행 불가능한 이상으로 남을 뿐이다. 외부에서 오는 영적 능력을 거부하고 닫힌 체계를 고집하는 한 당신은 조만간에 "아무도 인간 본성을 바꿀 수 없다"고 선언할 것이다. 영적 능력이 없으면 이상은 물러가고 그 자리에 냉소주의와 절망이 앉는 법이다.

그러나 그리스도의 오심 자체가 오늘날 우리의 사고방식을 지배하는 닫힌 체계의 관념을 부정하고 완전히 깨뜨려 버렸다. "하나님을 믿으라"는 그리스도의 지속적인 충고는 닫힌 체계와 눈에 보이는 현상이 있어도 거기에 현혹되지 말라는 뜻이 아니고 무엇이겠는가. "구하라 그리하면 너희에게 주실 것이요 찾으라 그리하면 찾아낼 것이요 문을 두드리라 그리하면 너희에게 열릴 것이니"(마 7:7)라는 유명한 말씀은 그 영원하고 참된 실재를 향해 손을 뻗치라는 초대이다. 우리가 하나님과 협력하기를 원한다면 즉시 성령의 도움을 받을 수 있다. "너희가 악할지라도 좋은 것을 자식에게 줄 줄 알거든 하물며 너희 하늘 아버지께서 구하는 자에게 성령을 주시지 않겠느냐"(눅 11:13).

요약

이제는 이 지구상에 존재하는 우리의 실존에 관한 기본 진리를 요약할 수 있겠다. 이 진리는 우리가 관찰할 수 있는 사실과 부합할 뿐만 아니라 인간의 깊은 영적 필요를 채워 줄 수 있다.

하나님은 우리가 아무리 큰 존재로 보아도 지나치지 않는 분이다. 그리고 어느 분야에서든지 과학 지식이 발달하면 할수록 우리는 하나님의 방대하고 오묘한 지혜를 더 많이 알게 된다. 우리가 어리둥절한 상태로 하나님이 누군지 모르겠다고 포기하지 않는다면, 하나님이 그분의 계획대로 인간 예수 그리스도로 오셨다는 사실을 받아들여야 한다.

우리가 이것을 역사적 사실로 받아들이기만 하면 수많은 문제에 만족스럽고 포괄적인 해답을 찾을 수 있다. 또 당장 해결하지 못한 문제들도 편안한 마음으로 보류할 수 있다.

기독교 신앙에 들어가는 길은 부분적으로 지적인 것이고 또 부분적으로는 도덕적 헌신의 문제이다. 이 세상의 질병은(따라서 세상을 구성하는 개개인의 질병도) 사랑의 능력이 엉뚱한 방향으로 나갔기 때문에 생긴 것이다. 그 능력이 자기 자신에게 향하든지 그릇된 것들에게 주어진 것이다. 그 결과로 생기는 외적 증상은 이른바 죄, 혹은 이기심으로 뚜렷이 나타난다.

'인간이 되신 하나님'이 촉구하시는 근본적인 방향전환은 그 잘못된 태도를 뒤집어서 사랑하는 능력의 방향을 먼저는 하나님에게, 이어서는 다른 사람들에게 의도적으로 돌리는 것이다. 이런 방향전환이 없으면 세상은 멸망할 수밖에 없다고 그분은 분명히 말씀하셨다. 그러나 진정한 방향전환이 일어나는 곳에서는 사람이 하나님을 알 수 있고 육체적 죽음과 관계없이 새로운 삶을 시작할 수 있다고 말씀하셨다.

이는 세 가지 문제를 제기한다. (1) 도덕적인 병에 걸린 인간과 악과 타협할 수 없는 선한 하나님이 서로 화해하는 문제 (2) 육체적인 죽음 이후에도 삶이 지속되는가의 문제 (3) 사람들이 새로운 차원의 인생을 살고 싶어도 그럴 만한 능력을 어떻게 발견하는가의 문제 등이다. 우리가 앞에서 살펴보았듯이, 그리스도께서는 세 가지 시범을 통해 이 문제들을 해결하셨다.

이제까지 우리는 주로 지적인 차원에서 논의했다. 그러나 다시 이야기하자면, 세상의 곤경에 대한 초인간적인 해결책이 진리라는 것은 실제로 순종할 때에만 입증된다. 탁상공론을 일삼는 비판가들이 이 진리를 확신하는 대열에 합류하려면 자리를 박차고 일어나야 한다.

그리스도의 전략은 새로운 삶의 길에 정직한 반응을 보이는 소수의 사람들의 충성심을 끌어내는 것이었다. 이들은 새로운 질서의 선구자들이요, 인류 대다수의 무지와 이기심, 악, 위선, 무관심에 대항하는 운동의 첨병이 될 것이었다. 그들 앞에 놓인 목표, 그들이 위해서 일하고 기도할 뿐만 아니라 필요하면 고난과 죽음까지 불사하며 이룰 목표는 내면의 충성심으로 이뤄진 새로운 나라, 곧 하나님 나라를 세우는 일이었다. 이 일은 모든 인종과 국경을 뛰어넘을 뿐만 아니라 시간과 공간도 초월하여 수행하도록 되어 있었다.

하나님 나라 건설의 첨병 역할을 하는 교회는 이제까지 많은 비판을 받아왔지만 상당한 진보를 이룬 것도 사실이다. 어쨌든 지금도 교회는 하나님의 계획을 실행하려고 애쓰고 있으며, 참된 진리와 진정한 사랑의 길을 걷는 한, 마치 하나님의 존재가 사라질 수 없듯이, 결코 실패하지 않을 것이다.

제1차 세계대전과 제2차 세계대전 사이에 낙관주의가 풍미하던 시절이 있었다. 당시에 일부 그리스도인은 "물이 바다를 덮음 같이 여호와를 아는 지식이 세상에 충만할 것"(사 11:9)이고 "세상 나라가 우리 주와 그의 그리스도의 나라가"(계 11:15) 될 것이란 예언이 성취되어 곧 온 세계가 하나님의 통치를 받아들일 것처럼 말하곤 했다.

이것은 물론 난센스이다. 하나님의 진리에 반응을 보이는 사람은 언제나 소수였고, 하나님이 몸소 이 땅에 오셨을 때에도 그리 큰 반응이 없었다. 그리스도는 인간의 악과 이기심의 뿌리가 얼마나 깊은지와 자기사랑을 버리는 것이 얼마나 어려운지 잘 아셨기 때문에 인생이란 실험이 모두 끝날 때까지도 이 세상에 하나님의 나라가 완전히 건설될 것으로 예상하지 않으신 것 같다(눅 18:8).

새로운 길을 좇는 사람은 그래서 최선을 다해 '하나님 나라의 좋은 소식'을 전하도록 부름을 받은 것이다. 하지만 하나님 나라의 성공이나 실패를 단지 특정 시대의 그리스도인 숫자로 평가할 수 없다는 것을 늘 명심해야 한다. 하나님 나라는 참된 생명(영원한 생명)에 뿌리박고 있으므로, 시간이 흐를수록 죽어서 그 나라에 속한 사람의 숫자가 특정 순간에 이 세상에 살고 있는 그리스도인의 숫자보다 더 많아질 것이다.

비판가들은 기독교의 역사가 거의 20세기나 되었는데도 세상이 여전히 이 모양이라면 기독교는 그리 좋은 종교가 아니라고 불평을 늘어놓는다. 그들은 두 가지 면에서 잘못 생각하고 있다. 첫째, 진정한 기독교는 여태껏 대규모로 수용된 적이 없기 때문에 세상을 좌우할 만한 입장에 서지 못했다. 둘째, 그들은 기독교의 본질을 오해했다. 기독교는 기독교를 배척하는 세상을 개혁하는 일로 평가하면 안 된다. 기독교를 받아들인 곳에서 개혁이 실패했다면 불평의 근거가 있을 수 있지만, 진정한 기독교라면 그런 실패는 없다. 기독교는 참된 삶의 길, 하나님을 아는 길, 영원한 생명의 길이다. 기독교를 청소년 범죄나 이혼률을 줄이는 종교로 취급하면 안 된다. 대다수의 국민이 받아들이는 종교가 있다면 그것으로 범죄나 이혼을 억제하는 압력을 행사할 수 있다.

예수 그리스도의 종교는 사람들을 변화시켜서(그들이 변화에 따르는 대가를 지불할 의향이 있다면) 그들이 자연스럽게 하나님의 아들딸로 살아가게 하며, 사회에 좋은 영향을 미치게 되어 있다. 그러나 진정한 기독교가 만일 실패한다면 그것은 그리스도가 실패한 이유와 똑같은 이유로 그렇게 될 것이다. 그 실패에 대한 책임은 당연히 그리스도와 기독교를 배척한 세상에 돌아가게 된다.

당신의 하나님은 너무 작다

초판 1쇄 인쇄 2014년 11월 10일
초판 4쇄 발행 2023년 6월 26일

지은이 J. B. 필립스
옮긴이 홍병룡
펴낸이 정선숙

펴낸곳 협동조합 아바서원
등록 제 274251-0007344
주소 경기도 고양시 덕양구 삼원로51 원흥하이필드 지식산업센터 606호
전화 02-388-7944 **팩스** 02-389-7944
이메일 abbabooks@hanmail.net

ⓒ아바서원, 2014

ISBN 979-11-90376-20-4

잘못 만들어진 책은 구입한 곳에서 교환해 드립니다.